JACQUES THOREL

Atlantiques
CUISINE DE L'AUTHENTIQUE

OUVRAGE DIRIGÉ PAR PHILIPPE LAMBOLEY

TEXTES DE BÉNÉDICT BEAUGÉ
ILLUSTRATIONS D'AGATHE HENNIG

HACHETTE

Sommaire

6	**Le fermier qui rêve à la mer** par Bénédict Beaugé
8	**Vue sur la mer** par Jacques Thorel
10	**La pêche à pied**
38	**La pêche au casier**
64	**La pêche d'estuaire**
90	**La pêche au noble**
114	**La pêche côtière**
148	**Le Potager**
178	**Les Champs**
198	**La Ferme**
224	**Les Desserts de Saison**
245	**Les Annexes**

Le fermier qui rêve à la mer

À *l'*Auberge bretonne : *voilà une enseigne qui ne trompe pas son monde ! Pourtant, Jacques Thorel, l'aubergiste de cette auberge, n'est pas avare de surprises et la Bretagne qu'il revendique pour sa maison, si elle ressemble encore un peu à celle qu'il a pu connaître dans sa jeunesse, c'est qu'il la reconstruit tous les jours. À sa manière. En allant puiser à droite et à gauche. Aussi c'est une Bretagne de rêve. Une sorte de Bretagne idéale…*
La cuisine que l'on y sert, il y a déjà quelques années que j'y ai goûté… La première fois, ce n'était pas totalement par hasard, bien sûr (va t-on dans ce genre d'endroit par hasard ?) mais par curiosité, simplement : j'étais en vacances chez des amis gourmands, nous n'étions pas loin… À la carte, j'ai choisi un plat que j'ai trouvé franchement diabolique. Il s'agissait d'une galette – de blé noir, évidemment – au homard et aux cèpes. Toute simple, en apparence : presqu'une galette de crêperie… C'est en ça qu'elle était diabolique : quel goût ! Incroyable ! Qui vous faisait, en une bouchée, croquer la Bretagne toute entière. Ses landes, ses bois, ses rochers battus par la mer et le vent. L'iode et les chemins creux. L'Armor et l'Argoat, dont on croit pourtant depuis toujours qu'ils sont inconciliables.
J'ai eu l'occasion de revenir ensuite à la table de cette Auberge bretonne, *d'essayer bien d'autres plats. De comprendre un peu comment tout cela fonctionnait. J'ai découvert la minutie*

exigeante, la curiosité passionnée de la lecture, l'attention scrupuleuse aux produits, qui, tous les jours, viennent enrichir cette cuisine. Jacques Thorel est un fermier qui ne cesse de rêver à la mer: il n'a pas son pareil pour transformer presque à tout coup le breton du bocage en coureur de mers lointaines. Mais qui garderait la nostalgie des chemins creux. C'est sans doute la raison pour laquelle il a décidé de s'installer là: bien plantée sur son rocher de La Roche-Bernard, sur la place où, les jours de marché, on vend les cochons — quoi de plus terrien? —, l'Auberge bretonne regarde à ses pieds l'embouchure de la Vilaine et, au-delà, le grand large. Tout l'Atlantique.

Bénédict Beaugé

Vue sur la mer

J'ai le grand privilège, lorsque je vais au marché - ce qui arrive plusieurs fois par semaine - de voir la mer: c'est quelque chose qui fait réellement partie de ma vie. Je ne pourrais plus imaginer vivre loin d'elle, même si je tiens aussi à la vie de la ferme. C'est peut-être pour cela que j'ai presque toujours travaillé sur des îles - Oléron, Noirmoutier, Arz - avant de m'installer à l'Auberge bretonne. Autrefois, en Bretagne comme dans tous les pays maritimes, le pays de l'intérieur méprisait la côte, la côte ignorait l'intérieur, sauf pour le strict nécessaire. Les choses ont changé et je pense qu'aujourd'hui il faut attacher autant d'importance à l'une qu'à l'autre: si les cuisines des pays atlantiques ont des points communs, c'est dans la mer et ses produits qu'elles les trouvent. Tous ces pays situés à l'extrême ouest de l'Europe se sont souvent retrouvés sur l'océan, pour le meilleur et pour le pire: à force de pêcher les mêmes poissons aux mêmes endroits cela crée des parentés, même si de temps en temps il y a quelques frictions! Mais ces cuisines, c'est l'arrière-pays qui leur donne à chacune sa spécificité. Comme moi, j'espère que vous découvrirez des saveurs cachées en Irlande, de véritables trouvailles culinaires au Portugal, des trésors d'invention en Espagne et toutes les richesses que recèlent nos côtes françaises de la pointe du Finistère au Pays Basque.
Les produits sont simples: ce sont ceux de tous les jours. Mais il faut qu'ils soient bons. Soyez attentifs aux produits,

*ils vous le rendront toujours... Soyez donc exigeants dans leur
choix... Soyez-le avec vous-mêmes, mais avec vos fournisseurs
aussi : n'achetez pas n'importe quoi et chaque fois que vous le pouvez,
ne le faites pas au hasard. Renseignez-vous sur les provenances,
respectez les saisons. Pour les fruits et légumes comme pour
les produits de la mer.
C'est la condition de l'authentique...*

Jacques Thorel

LA PÊCHE À PIED

Un peu d'histoire

La pratique de la pêche à pied doit être aussi vieille que l'humanité. Si la pêche, d'une façon générale, s'apparente à la chasse, elle évoque pourtant davantage la cueillette. Et, de ce point de vue, les rives européennes de l'Atlantique sont particulièrement favorisées : les fortes marées, qu'elles connaissent deux fois par jour sous nos latitudes, laissent à découvert de vastes étendues qui sont explorées soigneusement par les populations du littoral depuis des siècles. Du moins, en cas de disette et par les plus démunis, car le statut des différents coquillages a beaucoup évolué au fil des époques : certains, comme les huîtres, semblent avoir de tout temps eu toutes les faveurs ; d'autres, tel le bigorneau, ont mis plus longtemps à s'imposer et ont gardé jusque dans le courant du XIXe siècle, le statut de « nourriture de carême ». Cependant, on dit qu'en plein Moyen Âge, un Irlandais du nom de Walton, échoué après on ne sait quelles aventures sur les côtes de Saintonge, y découvrit et y développa l'élevage des moules de bouchot : il avait planté des pieux dans le sable à quelque distance du rivage pour tendre des filets et capturer quelques poissons, mais après un certain temps, à marée basse, il trouva les poteaux couverts de moules. Il se dit que ce n'était sans doute pas une mauvaise façon de s'approvisionner.

Si localement on s'intéressa à tel ou tel type de mollusque, dédaigné ailleurs, au XVIIIe siècle, dans ce domaine comme dans beaucoup d'autres, tout commença à changer. On renoua par exemple avec la tradition d'affiner les huîtres, technique connue des Romains, mais qui était tombée dans l'oubli, et, plus généralement, on s'intéressa d'un point de vue réellement gastronomique aux coquillages (et plus seulement de la stricte subsistance). Cet intérêt ne fit que croître au cours du siècle suivant. Siècle qui vit également naître l'élevage proprement dit : jusque-là, on savait « affiner », améliorer des variétés sauvages par des soins, mais on était incapable de contrôler la reproduction des espèces. L'arrivée du chemin de fer, améliorant le transport, accélérera le processus.

Pour faire face à la demande et accroître la production, ou pour renouveler des souches décimées par les maladies, on introduisit de nouvelles espèces. En France, ce seront pour les huîtres, les « portugaises », des huîtres creuses arrivées accidentellement dans l'estuaire de la Gironde en 1868 (un navire portugais chargé d'huîtres à destination de l'Angleterre chercha à s'abriter dans le port de Bordeaux après une tempête mais sa cargaison, qui avait souffert, fut jetée par-dessus bord). Les huîtres firent souche et, plus rustiques, détrônèrent la variété locale, la gravette, avant de se voir remplacer par les « japonaises » (qui nous viennent, en fait, de la côte pacifique du Canada) à la suite d'une épizootie qui frappa les côtes françaises au début des années 70. Pour les palourdes, on importa une variété dite également « japonaise », propice à l'élevage, mais qui s'est ensauvagée depuis... pour certains spécimens. Ou encore les clams, sorte de grosses palourdes d'origine américaine introduites sur les côtes françaises par Émile Prunier, le restaurateur visionnaire du début du siècle. Mais nous ne sommes plus ici dans le strict domaine de la pêche à pied !

LE POINT DE VUE DU CHEF

Celle-ci peut être une source de plaisirs toujours renouvelés : surprise de ce que l'on ramène, odeurs de l'iode et du varech remué, bruits du ressac, cris des oiseaux... tout en fait un moment d'exception, que l'on commence, le plus souvent, à apprécier très jeune. On attrape vite le virus de ramasser des bigorneaux, de décoller des patelles de leur rocher. Et puis on passe aux choses plus sérieuses : on s'équipe, on observe et on se lance dans la récolte des coquillages fouisseurs : coques, palourdes, praires, couteaux. C'est aussi l'occasion de plaisirs gastronomiques simples mais délicieux : il suffit de tranches de pain beurré et d'un coup de vin blanc frais pour faire de sa récolte un régal quasi royal. Sans plus attendre pour les espèces qui se consomment crues, ou en mettant en jeu un minimum de moyens, comme dans l'éclade, qui nécessite seulement quelques poignées d'aiguilles de pin. Et si l'on ramène sa récolte à la maison, les coquillages, par leurs textures et leurs saveurs iodées toujours variées, apportent à d'autres plats un assaisonnement surprenant.

LA PÊCHE À PIED

LE BIGORNEAU

DANS VOTRE CABAS

Le bigorneau est un mollusque gastéropode : c'est donc un cousin marin de l'escargot… On s'en serait douté en voyant sa coquille ! On le trouve toute l'année et, si vous n'êtes pas un adepte de la pêche à pied, vous n'aurez aucune difficulté à l'acheter chez votre poissonnier. Malheureusement, il est souvent déjà cuit simplement à l'eau salée. Si cela vous évite de le faire, cela vous prive aussi de votre touche personnelle ! Essayez donc de trouver un poissonnier qui les vende vivants : la cuisson au court-bouillon n'est ni très compliquée ni très longue : quelques minutes, plus quelques autres pour laisser refroidir.

DANS VOTRE ASSIETTE

C'est l'amuse-gueule traditionnel des bords de l'Atlantique (notamment en Bretagne, il faut bien le dire) avec du pain et du beurre. Salé, si vous êtes breton, anglais ou irlandais. Et fermier, c'est encore meilleur ! On peut aussi l'arroser de quelques gouttes de jus de citron ou de vinaigre… Les bigorneaux, mangés encore tièdes, à l'heure de l'apéritif, ou en guise de petite entrée accompagnés d'un verre de vin blanc vif, c'est juste ce que l'on aime pour se rappeler les vacances. Mais, surtout, on peut imaginer de les préparer de manière plus sophistiquée et les utiliser, comme souvent à *l'Auberge bretonne*, comme « condiment », pour relever un plat de poisson, qui, sans cela, serait non pas fade mais uniforme : avec leur consistance particulière, leur goût spécialement iodé, les bigorneaux apportent des petits accidents de textures et de saveurs qui titillent le goût.

DANS VOTRE ESTOMAC

Comme tous les coquillages, les bigorneaux sont maigres, contiennent peu de cholestérol et fournissent peu de calories. À condition, bien évidemment, qu'ils ne soient pas prétexte à s'empiffrer de tartines beurrées ! En revanche, ils sont riches en protéines et en sels minéraux (pour 100 g : protéines, 20 g ; lipides, 2 g ; 100 calories), ce qui est une qualité.

DANS VOTRE GARDE-MANGER

Vivant ou cuit, le bigorneau se gardera trois ou quatre jours dans le bac à légumes du réfrigérateur. Conservez-les à l'abri sous un torchon un peu humide. Mais, sauf si l'on attend la pêche du lendemain en vue de d'un plat plus consistant, qui garderait des bigorneaux dans son réfrigérateur ? Le mieux est, bien sûr, de les manger tout de suite !

LE BIGORNEAU

BIGORNEAUX AU COURT-BOUILLON

En apéritif, pour 6 personnes :
1 kg de bigorneaux
1,5 l d'eau
3 c. à s. de gros sel
3 c. à c. de poivre noir
1 feuille de laurier
2 branches de fenouil
2 branches de thym

Temps de réalisation :
moins de 30 min

Vins :
un sauvignon vif et fruité,
par exemple de Touraine
(Vincent Girault)

Le bigorneau, c'est un souvenir d'enfance : il est le premier coquillage auquel on a envie de goûter. Avec des tartines beurrées (demi-sel et fermier, bien sûr…), quoi de mieux pour se rappeler les vacances ?

 *À vos fourneaux*

1 Lavez très soigneusement les bigorneaux à plusieurs eaux jusqu'à ce que la dernière soit parfaitement claire. Vous pouvez les secouer dans une passoire sous le robinet, cela aidera à éliminer le sable et les impuretés.

2 Mettez les coquillages dans une grande casserole avec tous les ingrédients et couvrez avec l'eau froide. Posez la casserole sur le feu et faites chauffer doucement : dès les premiers signes d'ébullition, retirez immédiatement du feu. Laissez refroidir les bigorneaux dans leur eau de cuisson jusqu'à ce qu'ils soient tièdes.

3 Réunissez quelques bons copains, ouvrez une bouteille de sauvignon, et mangez les bigorneaux comme ça, juste tièdes, accompagnés de tranches de pain de campagne et – en bon Breton – de beurre demi-sel !

MULET AUX BIGORNEAUX

Pour 2 personnes :
1 mulet de 800 g
soit 2 filets de 400 g
500 g de bigorneaux
300 g d'épinards • 50 g de
lieu fumé • 100 g de beurre
+ 15 g pour la cuisson des
épinards • 1 c. à c. de curry

Temps de réalisation :
30 min, dont 15 min
d'exécution

Vins :
un vin de Loire blanc sec,
un chinon blanc (Lenoir)

Le mulet est un poisson mal aimé parce que méconnu. Il est vrai qu'il est fragile et qu'il peut donc vite devenir décevant. Ici encore, les bigorneaux jouent le rôle de condiment, ajoutant leur touche iodée à la saveur plus discrète du poisson, se glissant parmi les notes légèrement fumées et épicées de la sauce (le curry va bien aux gastéropodes, marins ou non). Pour obtenir une sauce bien émulsionnée, il est important d'avoir un bon mixer (à bol, de type « blender », ou plongeur, cela n'a pas d'importance, mais il faut qu'il soit puissant et rapide).

 À vos fourneaux

1 Faites cuire les bigorneaux au court-bouillon comme il est indiqué dans la recette précédente. Attendez qu'ils refroidissent un peu (il est inutile de se brûler…), sortez-les alors de leur coquille en vous aidant d'une grosse épingle, ôtez l'opercule noir et réservez. Réservez également, à part, 10 cl du court-bouillon. Lavez soigneusement les épinards. Hachez grossièrement au couteau le lieu fumé.

2 Dans une casserole, mettez à chauffer le court-bouillon réservé et lorsqu'il bout ajoutez-lui le lieu haché, le curry et le beurre froid en petits morceaux. Émulsionnez vivement au mixer pour obtenir une sauce bien liée et très parfumée. Ajoutez alors les bigorneaux et tenez au chaud au bain-marie.

3 Cuisez les filets de mulet à la vapeur : 7 min suffisent. Pendant ce temps, faites cuire les épinards à la poêle avec un peu de beurre, juste le temps de les faire « tomber », qu'ils ne se transforment pas en bouillie. Tapissez d'épinards le fond de chaque assiette (bien chaude) et disposez-y un filet de mulet, entourez d'un cordon de sauce aux bigorneaux et servez.

MARINADE DE COQUILLAGES

Plus encore qu'une entrée à part entière, cette marinade est un condiment idéal pour tous les poissons. Elle décline tout le registre de la gamme iodée et joue avec les textures… Mais il n'est pas interdit de la préparer pour elle-même !

Pour 6 personnes :
1 kg de bigorneaux
1 kg de coques • 1 poivron rouge • 2 belles tomates • 1 branche de céleri • 1 courgette
2 c. à s. d'huile d'olive • 50 g de salicornes au vinaigre • 1 dl d'huile d'olive • 1/2 dl de vinaigre de vin • ciboulette • aneth
cerfeuil • poivre

Temps de réalisation :
30-45 min, en plusieurs fois

Vins :
un muscadet (Guy Bossard), dont la vivacité s'accordera à la verdeur des légumes

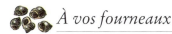 *À vos fourneaux*

1 Faites tremper les coques. Faites cuire les bigorneaux au court-bouillon et, légèrement refroidis, décoquillez-les. Gardez-les dans un bol avec du court-bouillon filtré au chinois.

2 Épluchez le poivron, effilez la côte de céleri et taillez-les, ainsi que la courgette, en petits dés de 3-4 mm de côté. Dans une poêle, faites revenir cette brunoise dans 2 cuillerées d'huile d'olive jusqu'à ce qu'elle soit bien saisie. Laissez-la ensuite refroidir dans une assiette. Pelez, épépinez les tomates et taillez-les également en petits dés que vous ajouterez à la brunoise froide (la tomate ne doit pas cuire). Ciselez la ciboulette, hachez les salicornes et ajoutez-les au mélange.

3 Rincez les coques et placez-les dans une casserole assez large pour que toutes puissent être au contact de la chaleur et faites-les ouvrir à feu vif en remuant sans cesse. Quand elles sont ouvertes, sortez-les de leurs coquilles. Égouttez les bigorneaux, ajoutez-les, ainsi que les coques, au mélange d'herbes et de légumes. Faites une petite vinaigrette avec l'huile, le vinaigre et assaisonnez-en le mélange. Réservez au frais.

4 Au moment de servir, rectifiez l'assaisonnement, poivrez au moulin, et répartissez la marinade dans des assiettes creuses. Parsemez de pluches d'aneth et de cerfeuil.

LA PÊCHE À PIED

LE BULOT

Dans votre cabas

Les buccins – le terme bulot est un nom local, comme ailleurs ran ou coucou – sont assez proches des bigorneaux : comme eux, ils appartiennent à la famille des gastéropodes et ont une coquille spiralée, plus grosse. Si l'on trouve nombre de coquilles vides sur les plages, il est beaucoup plus difficile d'en trouver de pleines… Le bulot vit plutôt au large, sauf en période de ponte, vers le mois de mars où il se rapproche du rivage. Il y a donc de grandes chances que vous vous les procuriez chez le poissonnier ! Il faut compter un kilo de bulots vivants pour quatre ou cinq personnes. Ils doivent alors être achetés bien vivants, pas trop gros (sinon ils risquent d'être trop fermes après cuisson), avec une coquille en bon état. On les trouve souvent déjà cuits, simplement à l'eau salée, comme les bigorneaux, mais leur cuisson si simple apporte tant en saveur et en parfum, qu'il serait dommage de s'en priver.

Dans votre assiette

Traditionnellement, l'accompagnement des bulots est la mayonnaise. C'est en tous cas ainsi qu'on les sert dans à peu près tous les restaurants du littoral. Ce n'est pas mauvais, c'est sûr, surtout si la mayonnaise est bien relevée (le bulot aime vraiment le piquant, donc la moutarde et le vinaigre), cependant, on peut imaginer plus original… Quoi qu'il en soit, on n'échappe pas à la cuisson au court-bouillon pour commencer. Et mieux vaut les laisser refroidir dans leur jus de cuisson : plutôt fades, ils s'imprégneront de tous ses parfums.

Dans votre estomac

À peine plus nourrissant que le bigorneau, le bulot est aussi pauvre en graisses et en cholestérol, mais riche en protéines et en sels minéraux (pour 100 g : protéines, 24 g ; lipides, 0,4 g ; 138 calories) mais, attention, il est peut être beaucoup plus dangereux pour la ligne. À cause de la mayonnaise !

Dans votre garde-manger

Les bulots sont d'excellente composition et ne sont vraiment pas fragiles : vivants, ils se conservent donc très bien plusieurs jours dans le bac à légumes du réfrigérateur. On peut les couvrir d'un torchon humide pour les aider à garder leur fraîcheur. Cuits, il est préférable de les consommer rapidement, non pas qu'ils risquent d'être tout de suite mauvais pour la santé, mais ils se dessèchent très vite.

LE BULOT

COURT-BOUILLON DE BULOTS

Pour 4 personnes :
1 kg de bulots • 3 l d'eau
1 c. à c. de graines de fenouil
1 c. à c. de graines de coriandre • 1 c. à c. de poivre noir • 1 éclat d'anis étoilé • 1 petite tranche de gingembre • 1 feuille de laurier • 1/2 bouteille de cidre très sec • thym persil • gros sel • 1 zeste d'orange • 5 rondelles de citron

Temps de réalisation :
1 h, dont 50 min de cuisson, à débuter plusieurs heures à l'avance

Vins :
un vin d'Alsace pas trop complexe, un sylvaner bien fait (Kientzler)

*Un parfait amuse-gueule, simple et sans histoire : juste ce qu'il faut pour accompagner un vin de soif, lui non plus pas compliqué. Les bulots ont une chair au goût peu prononcé (beaucoup moins marquée que celle des bigorneaux, leurs petits cousins), il faut donc les relever par un court-bouillon très aromatique et épicé. Ainsi, quel régal à la cuisine pendant qu'ils cuisent : on pourrait presque les préparer uniquement pour sentir la marmite dégager son parfum !
On les mange accompagnés d'un bol de mayonnaise bien moutardée ou relevée d'un peu de vinaigre.
À moins que l'on ne préfère les utiliser comme base d'une autre recette...*

 À vos fourneaux

1 Lavez les bulots en les brassant énergiquement puis mettez-les dans un grand saladier, recouvrez d'eau froide et ajoutez deux bonnes poignées de gros sel. Laissez reposer 3-4 h en remuant de temps en temps pour les faire dégorger.

2 Placez les bulots dans une marmite avec 3 litres d'eau froide, ajoutez le cidre et tous les éléments de la garniture aromatique. Ajoutez 1 cuillerée à soupe de gros sel et portez à ébullition. Écumez de temps en temps et laissez cuire 40 min à petits frémissements. Faites refroidir les coquillages dans leur eau de cuisson.

CASSOLETTES DE BULOTS

Pour 4 personnes :
1 kg de bulots
2 échalotes • 100 g de raisins secs • 2 c. à s. de crème fraîche • 50 g de beurre • 5 cl d'huile d'arachide ou de pépins de raisin • 2 tranches de pain de mie

court-bouillon :
3 l d'eau
1 c. à c. de graines de fenouil
1 c. à c. de graines de coriandre • 1 c. à c. de poivre noir • 1 éclat d'anis étoilé • 1 petite tranche de gingembre • 1 feuille de laurier • 1/2 bouteille de cidre très sec • thym persil • gros sel • 1 zeste d'orange • 5 rondelles de citron

Temps de réalisation :
1 h, dont 50 min de cuisson à l'avance pour les bulots et moins de 30 min, dont 15 min d'exécution, pour la recette elle-même

Vins :
un bon vin blanc espagnol (Vina Tona), dont la rondeur épouse celle de la crème et des raisins

Une façon nettement plus sophistiquée de manger ces coquillages : jeu de textures entre bulots, raisins secs et petits croûtons ; jeu de saveurs entre aromates du court-bouillon, notes iodées, douceur de la crème et des raisins…
Il faut être très attentif lorsque l'on prépare les croûtons : si le beurre est indispensable pour leur apporter une saveur incomparable, il a tendance à brûler s'il n'est pas clarifié. Rien n'est plus simple : il suffit juste d'un peu de temps, et cela peut se faire à l'avance… Faites fondre le beurre (doux) au bain-marie et écumez-le aussi soigneusement que possible à l'aide d'une cuiller puis laissez-le reposer afin que toutes les parties solides se déposent au fond du récipient. Transvasez-le alors avec précaution pour ne pas remuer le dépôt. Et si vous n'avez pas le courage de clarifier le beurre, ou pas le temps, utilisez un mélange d'huile et de beurre, qui résiste mieux à la chaleur.

À vos fourneaux

1 À l'avance, faites cuire les bulots au court-bouillon comme indiqué dans la recette précédente et laissez-les refroidir dans leur eau de cuisson. Filtrez et réservez 2 dl de court-bouillon. Sortez les bulots de leurs coquilles et retirez le tortillon noir qu'ils portent à leur extrémité.

2 Épluchez et ciselez finement les échalotes. Mettez-les dans une casserole assez grande pour contenir les bulots, ajoutez 1 dl du court-bouillon réservé et, sur feu vif, faites réduire presque à sec. Lorsqu'il ne reste presque plus de liquide, ajoutez le court-bouillon restant et la crème fraîche. Laissez reprendre ébullition puis ajoutez les raisins secs. Ajoutez enfin les bulots décoquillés et laissez mijoter 10 min à feu très doux.

3 Pendant ce temps, ôtez la croûte des deux tranches de pain de mie et coupez celles-ci en petits dés d'environ 1 cm de côté. Faites frire ces petits croûtons dans moitié beurre, moitié huile, en faisant très attention qu'ils ne brûlent pas : remuez-les sans cesse avec une spatule pour surveiller leur degré de cuisson et les retourner le moment venu. Lorsqu'ils sont bien dorés, égouttez-les sur du papier absorbant pour éliminer tout excès de gras.

4 Répartissez les bulots et leur sauce dans des petites soupières individuelles ou dans des assiettes creuses et parsemez-les de petits croûtons frits.

L'HUÎTRE

Dans votre cabas

Même s'il n'y a que deux espèces d'huîtres, les plates et les creuses, leurs méthodes d'élevage et leurs «terroirs» (le mot convient-il?) sont si variés qu'il semble en exister des dizaines. En France, la taille est normalisée. Neuf numéros pour les plates, plus rares et donc plus chères, de «6» à «triple zéro»: de 20 grammes jusqu'à plus de 100; six seulement pour les creuses (aussi définies comme petites, moyennes, grosses, très grosses): de 30 grammes à plus de 100. Enfin certaines font l'objet d'un «affinage»: ce sont les fines de claires ou les spéciales, qui passent un mois (les premières) ou deux (les secondes) dans des «claires», bassins d'anciens marais salants. Il y en a donc pour tous les goûts… Et un peu pour tous les porte-monnaie (ce qui est relatif car les huîtres coûtent cher: trois à quatre ans d'élevage, voire plus pour les grosses, leur sont nécessaires). Disponibles toute l'année, à la fin du printemps et pendant l'été les huîtres sont «laiteuses»: c'est leur période de reproduction.

Dans votre assiette

Le plus souvent, on mange l'huître crue, simplement assaisonnée de quelques gouttes de citron ou de vinaigre (certaines fois aux échalotes), mais le mieux est sans aucun doute nature ou juste relevée d'un tour de moulin à poivre. Et bien sûr avec du pain de seigle beurré: sa saveur un peu acide lui va bien. Toutefois, elle est aussi délicieuse chaude: son goût très fin fait merveille dans les soupes, mais elle peut être aussi grillée, frite, pochée… L'essentiel est de ne pas la faire cuire trop longtemps: elle devient dure.

Dans votre estomac

Contrairement aux idées reçues et quelle que soit la période de l'année, les huîtres sont maigres (une douzaine d'huîtres n'apportent que 100 calories environ). Lorsqu'elles sont dites grasses, c'est qu'elles contiennent davantage de glycogène pour les «soutenir» en période de reproduction. Elles contiennent 80 % d'eau, sont riches en protéines, en fer et en vitamines diverses (y compris en vitamine C – plutôt rare dans l'espèce animale).

Dans votre garde-manger

Les huîtres se conservent jusqu'à dix jours dans le bas du réfrigérateur, mais doivent respirer. Elles craignent la chaleur (14 °C) et le gel (+1 °C): évitez le contact direct avec la glace quand vous les servez, en les posant sur un petit tapis d'algues.

L'HUÎTRE

HUÎTRES À LA BORDELAISE

Pour 4 personnes :
2 douzaines d'huîtres de Marennes • 2 douzaines de petites crépinettes (saucisses plates) • pain de seigle • beurre

Temps de réalisation :
15-20 min (le plus long est d'ouvrir les huîtres)

Vins :
un entre-deux-mers, pour faire comme à Bordeaux, ou mieux un graves léger (Plantiers de Haut-Brion)

L'un des grands plaisirs d'Arcachon et du cap Ferret... De l'estuaire de la Loire à celui de l'Adour, on aime bien associer huîtres fraîches et charcuterie : pâtés, saucisses... et même foie gras, comme le fait Alain Dutournier au Carré des Feuillants, *à Paris. Les Bordelais ont choisi les crépinettes et n'hésitent pas à assaisonner traditionnellement les coquillages d'un peu de vinaigre à l'échalote (qui, c'est vrai, s'associe bien au goût de la chair à saucisse grillée). On peut cependant lui préférer un tour de moulin à poivre, moins violent pour les huîtres ! Il vaut mieux choisir celles-ci petites, dites « papillons », c'est bien meilleur. Plus « maigres », plus fraîches, elles s'opposent radicalement à la texture des crépinettes. La légère amertume du pain de seigle accompagne bien la saveur iodée des coquillages.*

 À vos fourneaux

1 Ouvrez les huîtres et mettez-les au frais, et non pas au grand froid, car les huîtres n'aiment pas du tout cela (dans le bac à légumes au bas du réfrigérateur, c'est très bien).

2 Faites griller sur leurs deux faces les crépinettes à la poêle sèche (anti-adhésive).

3 Servez les crépinettes très chaudes avec les huîtres fraîches, et mangez-les en alternant, accompagnées de tartines de seigle beurrées. N'oubliez pas le verre d'entre-deux-mers bien frais, sa vivacité accompagne bien l'huître et le gras de la crépinette.

SOUPE AUX HUÎTRES

Pour 4 personnes :
2 douzaines d'huîtres de Marennes
500 g de pommes de terre
3 poireaux
50 g de beurre
100 g de crème fraîche
pluches de cerfeuil

Temps de réalisation :
1 h, dont un peu plus de 30 min d'exécution

Vins :
un xérès manzanilla sec, mais pas trop

Une variante océanique de la soupe poireaux-pommes de terre, habituellement si « domestique », à laquelle les huîtres apportent du tonus et de la vivacité. On a vraiment l'impression de rentrer, des embruns plein le nez, après une promenade sur la lande irlandaise et de retrouver la maison où mijote une bonne soupe revigorante.
Il vaut mieux jeter la première eau des huîtres : vous vous débarrasserez ainsi des éventuels débris de coquilles et surtout, la seconde eau rendue par le mollusque n'a rien à voir avec de la simple eau de mer. Elle est beaucoup plus parfumée. Gardez-y soigneusement les huîtres : sinon elles se dessécheraient très vite. Cuites ainsi, à la minute, uniquement par la soupe chaude, elles sont juste raidies mais ne durcissent pas.

À vos fourneaux

1 Coupez le vert des poireaux, fendez le blanc sur quelques centimètres pour pouvoir les nettoyer correctement. Assurez vous qu'il ne reste plus de terre (n'hésitez pas à les passer sous le robinet : il ne suffit pas de les faire tremper).
Émincez-les et réservez-les. Lavez et éplu-chez les pommes de terre, coupez-les en quartiers. Dans une casserole, mettez à suer dans le beurre les blancs de poireaux émincés, puis mouillez avec 1 litre d'eau. Ajoutez les pommes de terre et portez à ébullition. Laissez cuire doucement à petits bouillons pendant une 1/2 h.

L'HUÎTRE

2 Pendant ce temps, ouvrez les huîtres, jetez leur première eau : elles vont en former très rapidement une seconde, que vous recueillerez en la filtrant dans un bol. Sortez les huîtres de leur coquille sans les blesser et gardez-les au frais dans le bol contenant leur eau, que vous aurez recouvert d'un film. Effeuillez le cerfeuil et réservez-le.

3 Lorsque la soupe est prête, passez-la au moulin à légumes ou mixez-la et transvasez-la dans la casserole à travers un chinois. Ajoutez-y la crème fraîche et l'eau des huîtres, mélangez, portez à ébullition et assaisonnez. Il vaut mieux goûter : l'eau des huîtres est salée et peut occasionner de mauvaises surprises !

4 Mettez 6 huîtres dans chaque assiette creuse puis versez dessus le potage brûlant. Parsemez de pluches de cerfeuil et servez aussitôt.

LA PÊCHE À PIED

LA MOULE

DANS VOTRE CABAS

Les moules de l'Atlantique ont la coquille d'un beau noir à reflets bleus, renflée et de taille moyenne. Sauvages, elles sont faciles à ramasser mais il faut faire très attention : extrêmement sensibles à la pollution, elles peuvent être redoutables pour votre santé. Les moules d'élevage sont plus sûres, qu'elles soient « de bouchot » (c'est-à-dire élevées sur des pieux plantés au large) ou produites « à plat ». Elles sont aussi plus grosses en général et plus charnues. Populaires du nord au sud, elles sont vendues toute l'année, au poids ou au litre (ce qui correspond à une livre et demie environ), et sont plutôt bon marché (ce qui est aussi une cause de leur popularité). On les trouve conservées également sous différentes formes, en particulier en Irlande, où elles sont fumées.

DANS VOTRE ASSIETTE

Dans les pays du sud, on les mange volontiers crues. Plus au nord, on les cuit presque toujours, même très simplement (l'éclade en est le parfait exemple). Mais la moule se prête à toutes sortes de préparations : en garniture de soupe, de timbale de riz ou de salade, de la plus simple à la plus sophistiquée – comme la célèbre salade Francillon d'Alexandre Dumas fils, avec des pommes de terre, du céleri et des truffes – grillées, farcies, gratinées, en brochettes…

DANS VOTRE ESTOMAC

Comme tous les coquillages, les moules sont pauvres en graisses mais riches en protéines, en sels minéraux, en oligo-éléments divers et en vitamines (celles du groupe B et, tout spécialement, la B12).
Si l'on ne risque rien avec les coquillages achetés chez le poissonnier (leur vente est contrôlée par les services sanitaires), il faut être prudent avec les moules que l'on ramasse : elles sont particulièrement sensibles à la pollution et peuvent occasionner des intoxications sérieuses (pour 100 g : protéines, 12 g ; lipides, 2 g ; 86 calories).

DANS VOTRE GARDE-MANGER

Elles peuvent se conserver trois jours dans le bac à légumes du réfrigérateur lorsqu'elles sont vivantes, dans ambiance un peu humide (un torchon mouillé fait l'affaire), mais il faut les consommer le jour même si vous souhaitez les déguster crues. Cuites, elles peuvent se garder deux jours, mais en prenant les précautions habituelles : sous un film pour qu'elles ne se dessèchent pas (rien n'est plus désagréable).

LA MOULE

Mouclade

Pour 4 personnes :
2 kg de moules
1 échalote
1 dl de vin blanc
200 g de crème fraîche épaisse
1 pincée de safran

Temps de réalisation :
45 min de préparation plus 10 min de cuisson en tout

Vins :
un saumur blanc
(Brézé de Foucault)

Une recette toute simple, mais une grande recette originaire des Charentes. Les experts discutent pour savoir si la véritable mouclade se fait avec ou sans safran... Il est indéniable que cette épice, traditionnelle dans tout le Sud-Ouest (est-ce un souvenir de l'occupation arabe ?), va bien aux moules : il n'y a donc pas à hésiter plus longtemps, la mouclade se fait au safran !

L'important est de ne pas laisser les coquillages refroidir, donc de garder bien chaud le plat dans lequel ils se trouvent, sans pour autant les laisser se dessécher. Le mieux est de poser ce plat sur une grande casserole d'eau bouillante et de le couvrir dès que tous les coquillages s'y trouvent, le temps de préparer la sauce.

À vos fourneaux

1 Lavez et grattez soigneusement les moules et mettez-les dans une casserole. Épluchez l'échalote, hachez-la finement et ajoutez-la aux coquillages avec le vin blanc. Faites ouvrir les moules à feu vif, à couvert, cela ne prend que quelques instants.

2 Retirez toutes les moitiés vides des coquilles pour les disposez dans un plat creux tenu au chaud.

3 Passez le jus des moules au chinois dans une petite casserole, portez à ébullition et laissez réduire pendant 3 min. Ajoutez le safran et la crème épaisse en fouettant pour que le tout se mélange bien et laissez cuire encore 3 min. Nappez les moules avec la sauce brûlante et servez aussitôt !

ÉCLADE DE MOULES

Pour 4 personnes :
2 kg de moules
aiguilles de pin
pain de campagne
beurre demi-sel
oignons nouveaux
1 planche de chêne
ou de sapin

Temps de réalisation :
30-35 min, cuisson comprise

Vins :
un entre-deux-mers
(Château Thieuley)

Plat traditionnel des pêcheurs charentais (ou des campeurs et pique-niqueurs) l'éclade (ou « églade ») demeure souvent un souvenir de jeunesse. Il faut prendre une planche assez grande : elle doit former un carré d'au moins 60 cm x 60 cm. L'essentiel est de disposer les coquillages bien serrés les uns contre les autres, de telle sorte qu'ils aient du mal à s'ouvrir, et charnière vers le haut afin que les cendres ne pénètrent pas à l'intérieur. Comme ce plat ne peut se réaliser qu'en plein air, on ne craint pas de faire des saletés et il n'est pas interdit de s'aider d'un peu de terre glaise pour faire tenir debout les coquillages. Même les pêcheurs de La Tremblade n'hésitent pas à le faire (l'éclade s'appelle alors la « terrée »).

Les aiguilles de pin doivent être bien sèches et en quantité suffisante pour former une couche d'environ 2 cm d'épaisseur pour fournir la chaleur nécessaire. Attention au sens du vent au moment d'allumer le feu !

LA MOULE

À vos fourneaux

1 Lavez et grattez soigneusement les moules. Bien au milieu de la planche de chêne, posez 4 moules en croix, la partie effilée du coquillage en l'air, puis, en partant de cette croix, disposez les moules en cercles concentriques, la charnière toujours tournée vers le haut.

2 Recouvrez les coquillages d'une bonne couche d'aiguilles de pin et mettez-y le feu : le temps qu'elles brûlent, les moules seront juste cuites, parfaites et parfumées de l'odeur du feu. Lorsque les aiguilles sont complètement brûlées et que tout est éteint, chassez les cendres en faisant du vent avec un morceau de carton ou en soufflant dessus. Les moules se mangent immédiatement, accompagnées de pain de campagne tartiné de beurre demi-sel et d'oignons nouveaux à croquer à pleines dents.

LA PALOURDE ET LA PRAIRE

Dans votre cabas

On classe les palourdes selon leur couleur, rose ou grise. Mais est-ce vraiment la bonne solution ? Pour les roses, la situation est assez simple : elles sont toujours sauvages, d'origine européenne, plutôt grosses, idéales pour être farcies, même si elles sont fragiles. Pour les grises, cela se complique un peu : sous le même nom on trouve des palourdes sauvages également indigènes, mais d'autres aussi, dites japonaises, importées pour l'élevage dans les années 70, mais dont certaines sont retournées à l'état sauvage ! Les roses ont une coquille à fond crème avec des stries brun-rouge ou pourpres et une tache rose à l'intérieur de la coquille (mais on ne peut tenir compte de cet indice que lorsqu'il est trop tard...) ; les grises japonaises ont une forme plus bombée et des stries plus espacées et plus nettes. Elles sont disponibles toute l'année chez votre poissonnier.

Les praires sont assez proches des palourdes : elles appartiennent à la même famille des vénéridés. Mais elles n'existent qu'à l'état sauvage et leur pêche est strictement réglementée (quelques heures par jour, de septembre à avril, parfois moins). Leur coquille gris-beige tachetée de roux ou de brun, bombée, présente des stries concentriques très marquées.

Dans votre assiette

Praires et palourdes se mangent crues ou cuites, mais attention, sauvages, elles sont plutôt fragiles. La cuisine portugaise en a une utilisation très intéressante. On les ajoute à un plat de poisson, mais aussi de viande, la plupart du temps cuit à la cataplana, comme agrément du plat ou assaisonnement : les coquillages apportent, en plus de leur saveur iodée caractéristique, le sel nécessaire. Si les palourdes ne contiennent que peu de sable, il n'en est pas de même des praires : il est donc prudent de les faire dégorger un bon moment à l'eau salée avant de les préparer. Et comme pour tous les coquillages, méfiez-vous de la surcuisson !

Dans votre estomac

Elles sont maigres mais riches en vitamine B12, en potassium et en fer (pour 100 g : protéines, 13 g ; lipides, 1 g ; glucides, 3 g ; cholestérol, 34 mg).

Dans votre garde-manger

Les palourdes roses, les praires, si elles sont destinées à être mangées crues, doivent l'être très rapidement : ne les gardez surtout pas plus de vingt-quatre heures après leur date de pêche.

LA PALOURDE

Palourdes à la cataplana

Pour 4 personnes :
1 kg de palourdes
2 gousses d'ail
50 g de beurre
5 cl de vin blanc
12 tranches de chorizo fort
200 g de travers de porc
1 feuille de laurier
8 brins de persil plat
8 petites échalotes

Temps de réalisation :
45 min, dont 30 min d'exécution

Vins :
un vin blanc
du sud du Portugal
(Quinta de Abrigada)

*Ce plat est typique de la cuisine portugaise avec son association chair et poisson, les coquillages apportant le sel nécessaire à l'assaisonnement (outre leur goût particulièrement iodé).
La cataplana est un ustensile de cuisine originaire du sud du pays : elle est constituée de deux récipients identiques, qui ressemblent à des woks, réunis par une charnière et des ressorts. Ils se ferment ainsi presque hermétiquement. Fabriquée traditionnellement en cuivre étamé, la cataplana permet de chauffer les aliments instantanément et de les cuire ainsi à l'étouffée, très rapidement. On peut, en fait, utiliser n'importe quel ustensile qui ferme bien (ici, un diable) : l'essentiel est qu'il soit bien chaud au moment où on y met les coquillages, ce qui est le cas ici : le diable sert d'abord à faire revenir les travers de porc.*

 ## À vos fourneaux

1 Mettez les palourdes à tremper dans l'eau salée au moins 1 h à l'avance pour leur faire rendre le sable. Rincez-les bien. Coupez les travers de porc en séparant chaque os. Épluchez l'ail et les échalotes. Effeuillez et ciselez le persil.

2 Dans un diable en terre, faites fondre le beurre et faites revenir les morceaux de travers, l'ail et les échalotes entiers. Lorsque la viande est bien dorée, ajoutez le chorizo. Laissez-le revenir quelques instants puis mouillez avec le vin blanc avant d'ajouter le laurier, les palourdes et le persil ciselé. Mettez le couvercle, laissez cuire 15 min et servez : normalement l'assaisonnement est à point… les palourdes ont apporté le sel, le chorizo du piquant.

Petite soupe de praires à l'orange

Pour 2 personnes :
1 kg de praires
1 yaourt
1 orange biologique
quelques brins de coriandre
100 g de beurre

Temps de réalisation :
45 min, dont 10 min de cuisson.

Vins :
un xérès olorosso, dont la rondeur accompagnera l'arôme de l'orange

*À partir d'une autre alliance de goût typiquement portugaise – l'orange et la coriandre… c'est l'Atlantique version méridionale –, voici une recette simple et actuelle.
Il faut également veiller à la fraîcheur des coquillages : les praires sont extrêmement fragiles. C'est un plat qu'il est préférable de confectionner lorsque l'on se trouve au bord de l'Atlantique, ou si l'on est parfaitement sûr de son fournisseur. Éliminez impitoyablement tous les coquillages qui vous semblent un peu « fatigués » (en particulier ceux qui se referment lentement quand vous les piquez légèrement).*

 À vos fourneaux

1 Faites dégorger les praires au moins 1 h dans de l'eau très salée. Zestez complètement l'orange sinon prélevez des rubans à l'aide d'un couteau éplucheur et taillez-les en fine julienne. Pressez l'orange. Effeuillez et ciselez la coriandre (gardez 2 brins pour la décoration).

2 Rincez soigneusement les praires et faites-les ouvrir à feu vif dans une casserole à couvert. Recueillez le jus des praires. Sortez les praires de leurs coquilles et réservez.

3 Filtrez le jus pour être sûr d'éliminer tout le sable et faites-le chauffer avec le jus d'orange. Ajoutez le yaourt et le beurre et passez au mixer pour bien émulsionner le tout. Rajoutez alors les zestes d'orange et la coriandre ciselée. Gardez le tout bien chaud, sans bouillir. Répartissez les praires dans 2 assiettes creuses, parsemez de feuilles de coriandre et versez dessus le bouillon bien chaud. Servez immédiatement.

PRAIRES AU THYM

Pour 4 personnes :
1 kg de praires • 200 g de fromage blanc • 1 pomme fruit acide, type granny-smith • 3 cl de kirsch • 2 branches de thym • sel et poivre du moulin

Temps de réalisation :
moins de 30 min, dont 10 min de cuisson au moins 1 h à l'avance

Vins :
un crozes-hermitage blanc (Dard et Ribo) pour retrouver le parfum de garrigue et la fraîcheur de la pomme

Le parfum du thym se marie bien à l'iode, c'est donc un aromate très intéressant pour les coquillages. Une recette très simple, d'inspiration diététique (il n'y a presque pas de matières grasses).

 ## À vos fourneaux

1 Mettez les praires à tremper 1 h au moins dans de l'eau très salée. Faites sécher le thym sur une tôle, à four très doux.

2 Rincez les praires. Faites-les ouvrir dans une casserole, à couvert, sur feu vif. Laissez refroidir puis ôtez les moitiés vides des coquilles. Disposez les praires dans un plat allant au four.

3 Épluchez la pomme, coupez-la en quartiers, ôtez les pépins et taillez-la en petits dés que vous mettrez dans un bol avec le fromage blanc. Émiettez-y ensuite le thym, mouillez avec le kirsch et mélangez le tout. Assaisonnez de sel et de poivre du moulin (pas trop fin).

4 Garnissez les praires, dans leur coquille, avec ce mélange puis passez 5 min à four chaud 200 °C (th. 7). Servez immédiatement.

LA PÊCHE À PIED

LE PÉTONCLE

Dans votre cabas

La famille des pectinidés comporte de nombreuses espèces, de la coquille Saint-Jacques au pétoncle. S'il est facile de reconnaître la première, il n'en est pas de même pour le second (d'autant que les règlements internationaux tendent à les confondre). Ainsi, on trouve sous le même nom deux coquillages voisins mais, malgré tout, assez différents : le pétoncle noir, ou véritable, plus petit, plus rare, mais beaucoup plus fin, et le vanneau, plus commun. Pour le premier, il vaut mieux habiter non loin des lieux de pêche pour en profiter… Lors de vacances en Bretagne ou près de La Rochelle, par exemple ! Quant au vanneau, on le trouve, un peu partout sur les marchés, toute l'année, mais surtout en hiver. Malheureusement, il est souvent vendu décoquillé et ainsi on n'a plus de moyen de contrôler la fraîcheur du produit ; par ailleurs, nettoyer des pétoncles étant assez fastidieux, il ne reste donc qu'à faire une confiance aveugle à son poissonnier !

Dans votre assiette

Les pétoncles (et les vanneaux) sont délicieux préparés de toutes sortes de manières : aussi bien crus que cuits. Leur chair, délicate, un peu moins sucrée peut-être que celle de leur grande cousine, la coquille Saint-Jacques, est en revanche un peu plus iodée. Mais leur petite taille les rend fragiles, du moins délicats à la cuisson. C'est pour cela qu'il vaut mieux les utiliser – comme ici – dans des préparations où ils ne cuisent pas, tartares ou marinades, ou qui leur permettent de cuire instantanément, préservant ainsi toute la finesse de leur chair – en versant dessus un potage brûlant. Comme à tous les produits iodés, le thym leur va bien, ainsi qu'une touche d'acidité et des arômes citronnés. Quant au corail, semblable à celui de la coquille Saint-Jacques, c'est affaire de goût !

Dans votre estomac

Les pétoncles, dont la chair est parfaitement maigre, sont riches en vitamine B12 et en potassium (pour 100 g : protéines, 17 g ; lipides, 1 g ; glucides, 2,4 g ; 88 calories).

Dans votre garde-manger

Les pétoncles se conservent, sans aucun problème, trois ou quatre jours s'ils sont dans leur coquille. En atmosphère relativement humide et au frais, dans le bas du réfrigérateur, c'est parfait… En revanche, s'ils sont décoquillés, mieux vaut ne pas attendre. S'ils sont cuits, la gourmandise ne laisse pas le temps d'y penser.

LE PÉTONCLE

PÉTONCLES NOIRS

Pour 2 personnes :
500 g de pétoncles noirs
1 tomate
1 petite botte de ciboulette
2 c. à s. d'huile de pépins de raisin
fleur de sel
poivre du moulin

Temps de réalisation :
30 min (pas de cuisson)

Vins :
un pouilly-fumé (Didier Dagueneau), qui offrira toute la vivacité du sauvignon

Les pétoncles noirs sont les pétoncles véritables. On ne les trouve que dans la rade de Brest, la baie de Quiberon et le golfe du Morbihan. Malheureusement, car ils sont extrêmement fins et pourraient revendiquer sans vergogne le nom de caviar du Breton.
Une recette toute simple, mettant pleinement en valeur ce produit exceptionnel, avec juste un peu de tomate pour amener de l'acidité, quelques gouttes d'huile (au goût neutre) pour l'onctuosité et quelques brins de ciboulette pour relever. La fleur de sel apporte son croquant en contrepoint du fondant des pétoncles ; le poivre également, mais il confère surtout de la longueur en bouche à cette chair délicate.

À vos fourneaux

1 Nettoyez les pétoncles : pour cela, ôtez le couvercle à l'aide d'un couteau que vous faites glisser sous la surface plate de la coquille pour sectionner le « pied ». Sous un filet d'eau froide, retirez soigneusement les barbes et gardez la noix attachée à la coquille creuse. Rincez soigneusement pour éliminer tout le sable (il n'y a rien de plus désagréable sous la dent).

2 Pelez et épépinez la tomate ; coupez-la en tout petits dés. Ciselez finement la ciboulette et ajoutez-la aux dés de tomate. Assaisonnez avec l'huile de pépins de raisin.

3 Avec une cuiller à café, mettez dans les coquilles, à côté de la noix, une pointe de mélange. Salez à la fleur de sel et donnez quelques tours de moulin à poivre, réglé pas trop fin. Disposez dans un plat de service et mangez sans attendre !

LA PÊCHE À PIED

Soupière de pétoncles

Pour 4 personnes :
1 kg de pétoncles
12 palourdes
1 petite botte de cresson
1 petit morceau de gingembre
10 champignons de Paris
ciboulette
1 l de bouillon de volaille
poivre du moulin

Temps de réalisation :
1 h, dont 10 min de cuisson

Vins :
un vin qui avait disparu, le tursan (le Baron de Bachen, élaboré par Michel Guérard, le cuisinier d'Eugénie-les-Bains qui a ressuscité ce vignoble)

À l'Auberge bretonne, au fil des années plusieurs soupes furent réalisées sur ce principe : des coquillages crus, cuits à la minute par un bouillon brûlant. L'effet est irrésistible… Les parfums sont exaltés par ce traitement de choc, en particulier ceux, iodés, des coquillages (mais aussi ceux du cresson et du gingembre) tandis que leur texture est parfaitement préservée par la rapidité de l'opération. Bien sûr, le bouillon de volaille doit être excellent : il vaut donc mieux faire cuire une poule la veille (ou avoir conservé du bouillon au congélateur).
Le récipient a son importance ; la soupière doit être grande pour que les ingrédients y soient à l'aise et que l'on puisse les remuer au moment de servir. Et elle doit avoir un couvercle pour conserver la chaleur et permettre ainsi cette sorte de cuisson à l'étouffée, pour préserver les arômes, et également créer l'effet de surprise.

À vos fourneaux

1 Ouvrez les pétoncles et retirez les noix, le corail et les barbes. Éliminez celles-ci sous un filet d'eau froide, et réservez les noix dans un petit bol. Lavez le cresson et essorez-le. Essuyez les champignons, coupez le bout terreux des pieds, éventuellement passez-les sous l'eau, puis émincez-les. Pelez le morceau de gingembre et taillez-le en fine julienne. Ciselez finement la ciboulette.

2 Prenez une grande soupière (modèle familial avec couvercle : c'est important pour la suite !). Effeuiller le cresson et placez les feuilles au fur et à mesure dans la soupière. Ajoutez alors les noix de pétoncles, les champignons de Paris émincés, la julienne de gingembre. Mettez le bouillon de volaille à chauffer.

3 Ouvrez les palourdes à cru, videz leur eau dans la soupière, détachez-les de leur coquille et ajoutez-les à tous les autres ingrédients. Poivrez de trois tours de moulin et parsemez de la ciboulette ciselée. Lorsque le bouillon est à ébullition, versez-le d'un seul coup dans la soupière et couvrez immédiatement. Soyez patient : attendez 5 min (ce n'est pas trop long et cela en vaut la peine… c'est même absolument indispensable !) et servez seulement à ce moment. La récompense arrive quand on soulève le couvercle de la soupière : simple mais délicieux !

LA PÊCHE AU CASIER

Un peu d'histoire

Le XVIIIe siècle est l'époque qui, semble-t-il, a vu notre goût se former. Outre la découverte gastronomique de certaines espèces, l'apparition de nombre de techniques d'élevage ou d'affinages de celles-ci, c'est au cours de ce siècle que la pêche au casier paraît également avoir débuté. Sans doute les populations du littoral mangeaient-elles déjà occasionnellement des crustacés – pendant le carême, par exemple – mais la capture en était très artisanale et relevait davantage de la pêche à pied : on prenait ce que l'on pouvait, crabes ou langoustes pris entre les rochers à la mer descendante, mais il n'était pas encore question de pêche systématique. On se mit d'abord à utiliser les casiers pour piéger les plus nobles d'entre eux, les homards, qui commençaient tout juste à être appréciés, et on les expédiait tout cuits la plupart du temps (et peut-être aussi des langoustes, mais il est difficile de savoir : on les confondait souvent). Ainsi faisait-on en Bretagne, en direction de Paris ou de l'Angleterre. Au siècle suivant, on organisa cette pêche, en construisant bassins et viviers pour permettre une meilleure distribution des captures. Ce fut chose faite aux îles Glénans et à Concarneau dans le dernier quart du siècle. Pour la commercialisation de ces produits, le chemin de fer eut également une influence décisive. Les crevettes, quant à elles, étaient déjà appréciées depuis longtemps : on parle des « chevrettes » dès le XVIe siècle, et il paraît même qu'elles étaient considérées comme un mets particulièrement sain sur les côtes saintongeaises, où elles étaient souvent appelées « santé » et fortement recommandées en cas de faiblesse ou de fièvre.

Enfin, au XIXe siècle, la palette des goûts s'élargit : on s'intéresse aux crabes et la demande en tourteaux et en araignées se fait plus grande au-delà de la zone littorale, où ils étaient principalement pêchés pour servir d'appât dans les casiers destinés aux homards et langoustes. Quant aux langoustines, leur consommation est tout à fait récente – du moins d'un point de vue commercial – mais il semblerait qu'elles ne soient arrivées sur les côtes atlantiques qu'au début de ce siècle, ceci expliquant cela. La consommation des céphalopodes en général, pourtant très ancienne (Grecs et Romains s'en régalaient), semble s'être localisée aux rives de la péninsule Ibérique, sauf en ce qui concerne les seiches, appréciées du nord au sud. Dans l'île de Ré, on préparait même traditionnellement des seiches « moitrées », sorte de conserve où les casserons (c'est le nom local du jeune mollusque) étaient séchés à l'air puis enduits d'un mélange de chaux et de cendres avant d'être empilés dans des barils.

Bien sûr, les casiers prennent différentes formes selon la proie à laquelle ils sont destinés : casiers tout en bois de châtaignier pour capturer les araignées, dont la carapace épineuse endommage les filets ; en bois et en grillage de métal ou de plastique ; nasses en filet pour les crevettes grises ; avec une ouverture sur le dessus ou latérale, le choix est vaste… Les appâts varient également : poisson salé (cela renforce son goût) pour les uns, les crevettes bouquets par exemple, ou frais pour les autres, homards et langoustes. On va jusqu'à y installer une femelle pour attirer les mâles : c'est le cas des seiches. Tout est bon pour amener la bestiole convoitée dans le piège. Généralement, les casiers sont reliés les uns aux autres par groupes d'une dizaine, marqués à la surface par des flotteurs. Ils sont immergés et relevés régulièrement, selon un rythme propre à chaque espèce, à partir de bateaux spécialement équipés, les caseyeurs.

LE POINT DE VUE DU CHEF

Certains, tels les homards et les langoustes, ne se capturent qu'au casier : il ne saurait donc être question de choisir. Il n'en est pas de même pour d'autres espèces, qui peuvent également être prises au chalut – seiches, langoustines –, qui sont bien supérieures dans le premier des cas. Le casier a l'énorme avantage de ne pas les brutaliser tandis que le chalut risque de les étouffer ou de les endommager. Une langoustine qui s'est maillée dans un filet risque de se blesser et d'y laisser une pince. Et un individu blessé sera toujours de qualité moindre. Bien sûr, cette technique est plus difficile et plus onéreuse, mais on est assuré d'obtenir ainsi le meilleur. Il n'y a donc pas à hésiter… Comme il n'y a pas à le faire entre spécimens vivants ou cuits : à quoi cela servirait-il de se donner tant de mal pour prendre et conserver aussi longtemps que possible une bête vivante si ce n'était pas pour la sacrifier au tout dernier moment ?

LES CÉPHALOPODES

DANS VOTRE CABAS

La famille des céphalopodes est vaste et variée. Elle comporte une centaine d'espèces mais les plus courantes, la seiche et le calmar, portent le plus souvent plusieurs noms: margate, morgat, sépia, pour la seiche, encornet, chipiron, pour le calmar (ou calamar). Le poulpe n'est pas très consommé sur les côtes atlantiques européennes, sauf au Portugal; quant aux seiches et calmars, on les mange volontiers dans les régions côtières du Golfe de Gascogne et de toute la péninsule Ibérique, où ils sont, en revanche, très appréciés et pour lesquels les recettes abondent. La pêche au casier des seiches n'a lieu sur les côtes françaises qu'en avril et en mai mais elles peuvent également être attrapées au chalut et elles se trouvent toute l'année sur les étals. Seiches et encornets bien frais offrent des tentacules à l'aspect nacré, mais ils sont souvent vendus déjà nettoyés et privés de leurs tentacules. Ce qui peut être dommage… tout dépend de l'usage que l'on veut en avoir!

DANS VOTRE ASSIETTE

Attention, lorsque l'on fait cuire des seiches ou des calmars, la cuisson risque de durcir la chair. Le mieux est de toujours travailler à feu vif, de sorte que les mollusques rejettent rapidement leur eau et que celle-ci s'évapore tout aussi vite. En général, seiches et chipirons sont sautés à l'huile, frits ou, s'ils sont farcis, cuits au four. Dans ce dernier cas, il convient de le faire à chaleur plutôt moyenne et il n'est pas inutile de les protéger avec un papier sulfurisé par exemple.

DANS VOTRE ESTOMAC

Les céphalopodes dans leur ensemble ont une chair particulièrement maigre, riche, comme celle de presque tous les mollusques, en vitamines du groupe B – en particulier B12 –, en sels minéraux divers – phosphore, magnésium – et en oligo-éléments – fer, cuivre, zinc, manganèse, iode (pour 100 g: protéines, 16 g; lipides, 1 g; glucides, environ 3 g; 80-90 calories selon les espèces).

DANS VOTRE GARDE-MANGER

Vidés et nettoyés, seiches, calmars et poulpes peuvent se conserver sans hésiter deux jours au réfrigérateur. Pour les calamars, s'ils sont fraîchement pêchés, il n'est pas mauvais de les laisser rassir 24 heures, ce qui les attendrit. Cuits, ils se garderont sans problème mais cela n'a strictement aucun intérêt, car, réchauffés, ils deviennent parfaitement caoutchouteux!

LES CÉPHALOPODES

BLANCS DE SEICHE FARCIS

Cette recette est l'adaptation d'un plat traditionnel de la cuisine portugaise, qui aime bien, comme sa voisine espagnole, les alliances terre et mer (en particulier avec le porc).

Pour 4 personnes :
2 seiches • 200 g de chair à saucisse • 500 g de moules • 500 g de coques • 1 petite botte de ciboulette • 1 oignon • 4 tomates • 1 dl de vin blanc • 1 branchette de thym • 4 c. à s. d'huile d'olive • sel et poivre du moulin

Temps de réalisation :
40 min de préparation et 40 min de cuisson

Vins :
un bandol blanc (Château Sainte-Anne)

 À vos fourneaux

1 Mettez les coques à tremper dans l'eau salée pour qu'elles perdent leur sable, au moins 1 h à l'avance. Grattez et nettoyez les moules. Nettoyez les seiches : séparez les poches des tentacules et réservez ceux-ci, coupez les nageoires, retirez l'os à l'intérieur de la poche, videz complètement les seiches et rincez-les bien, intérieur et extérieur. À la casserole, faites ouvrir les moules et les coques et conservez le jus de cuisson. Sortez les coquillages de leurs coquilles et réservez-les.

2 Hachez les tentacules des seiches, ciselez la ciboulette et mélangez à la chair à saucisse. Ajoutez les coquillages au mélange et assaisonnez de sel et de poivre du moulin. Répartissez cette farce dans les deux poches de seiche et cousez l'ouverture pour bien les refermer (ou maintenez-les fermées avec deux cure-dents).

3 Pelez et épépinez les tomates, concassez-les grossièrement. Épluchez l'oignon et hachez-le pas trop finement. Dans une casserole, faites revenir avec 2 cuillerées d'huile d'olive l'oignon et les tomates concassées. Mouillez avec le vin blanc et le jus de coquillages. Ajoutez la branche de thym.

4 Avec les 2 cuillerées d'huile restantes faites dorer a la poêle les deux seiches farcies. Lorsqu'elles sont bien revenues sur toutes leurs faces, mettez-les dans la sauce et faites cuire 25 min à tout petits frémissements. Rectifiez l'assaisonnement et servez très chaud.

Encornets de Galice

Pour 6 personnes :
1 kg de blancs d'encornets déjà nettoyés • 5 cl d'huile d'olive • 3 poivrons rouges 1 oignon • 5 tomates • 2 dl de vin blanc • sel et poivre

liaison :
10 cl d'huile d'olive
100 g de pain de campagne
100 g d'amandes • 1 pincée de safran • 1 gousse d'ail
1 bouquet de persil

Temps de réalisation :
environ 1 h, dont 35 min d'exécution

C'est une recette traditionnelle de la Galice, le « Finistère espagnol ». On y retrouve les poivrons, l'ail, le safran, typiques de la cuisine ibérique, et cette liaison, non moins caractéristique, à base d'amandes pilées et de pain rissolé, travaillée à l'huile d'olive : c'est la survivance (délicieuse) de très anciennes méthodes héritées du Moyen Âge.

Vins :
un vin blanc espagnol de la Rioja (Marquès de Murrietta)

 À vos fourneaux

1 Préparez tous les légumes : épluchez, épépinez et taillez les poivrons en lanières ; épluchez et émincez l'oignon ; mondez, épépinez et taillez les tomates en quartiers. Épluchez la gousse d'ail, effeuillez le persil.

2 Taillez les blancs d'encornets en anneaux. Faites chauffer l'huile d'olive dans une grande poêle et mettez-y à revenir les encornets. Ajoutez les poivrons et les oignons et mélangez. Ajoutez les tomates et le vin blanc. Assaisonnez et laissez mijoter 30 min, à feu pas trop vif.

3 Préparez la liaison : coupez le pain de campagne en petits dés. Dans une poêle, faites chauffer 1 cuillerée d'huile d'olive et mettez-y à rissoler les cubes de pain et les amandes, puis égouttez le tout dans une passoire et laissez refroidir. Pilez alors le mélange avec l'ail, le persil et le safran, puis ajoutez l'huile d'olive restante sans cesser de piler.

4 Versez ce mélange dans la poêle des encornets lorsqu'ils ont fini de cuire, portez à ébullition, rectifiez l'assaisonnement et servez sans attendre.

LES CÉPHALOPODES

CHIPIRONS POÊLÉS

Pour 6 personnes :
1 kg de petits chipirons
5 cl d'huile d'olive
2 gousses d'ail
basilic
persil
sel et poivre

Temps de réalisation :
30 min, dont 5 min de cuisson

Vins :
un sancerre fruité (la Grande Côte, de Cotat)

Au sud du bassin d'Arcachon, et jusqu'au cap Finistère, il est difficile d'échapper aux chipirons sautés. Ce sont de petits calamars, et les meilleurs ne font que quelques centimètres. On les trouve surtout en plein cœur de l'été. Ils se préparent comme les plus gros mais peuvent être mangés entiers s'ils sont vraiment petits. Délicieux bien chauds, ils constituent l'un des tapas traditionnels de la côte atlantique espagnole.

Pour ne pas durcir, ils doivent être poêlés très vivement et retirés du feu dès qu'ils commencent à rendre leur jus.

À vos fourneaux

1 Nettoyez soigneusement les petits calamars : séparez les tentacules du corps, videz-les sous le robinet d'eau froide, ôtez-leur le cartilage. Effeuillez et ciselez les herbes. Épluchez et hachez finement l'ail.

2 Mettez l'huile à chauffer dans une poêle et, lorsqu'elle est bien chaude, ajoutez et poê-lez-y vivement les calamars pendant 5 min. Ajoutez l'ail, salez et poivrez. Ajoutez les herbes et donnez-leur encore un tour de poêle.

3 Servez brûlant.

LES CRABES

DANS VOTRE CABAS

Le tourteau, ou dormeur, se trouve toute l'année sur les étals (souvent importé d'Angleterre), mais surtout de mai à novembre. L'araignée, elle, est présente de décembre à la fin de juillet, mais au début du printemps elle est meilleure. Quant à l'étrille, on la trouve de la mi-juillet à mars.

Brun-rouge, le ventre beige, le tourteau se reconnaît à ses fortes pinces. Lors de l'achat, il doit être bien vivant et lourd dans la main : signe qu'il est bien plein. On le reconnaît également à sa carapace plutôt terne, granuleuse, voire couverte de petites algues, un peu moussue, alors que si elle est lisse et brillante, il y a fort à parier qu'elle sera vide. L'étrille, en revanche, vive et remuante, a une carapace plutôt brillante. On trouve chez les poissonniers des araignées ou des tourteaux déjà cuits : si bons soient-ils, ils ne valent pas un crabe que l'on cuit soi-même. On trouve également des pinces de tourteau, pratiques pour certaines recettes.

DANS VOTRE ASSIETTE

Il n'y a pas cinquante manières de faire cuire les crabes et le contenu de leurs carapaces demande quelques opérations préalables pour arriver jusqu'à votre assiette ! Une fois cuit et froid, on retire les pinces et les pattes du tourteau, que l'on peut déjà briser (sans les écraser) et immédiatement vider. On en fait autant pour la queue (repliée sur le « ventre »), puis on déboîte le plastron (en fait, l'abdomen du crabe auquel sont attachées les pattes) en glissant une lame de couteau entre celui-ci et la carapace. On ôte les branchies, attachées au plastron, avant de retirer la chair des petits alvéoles, puis de vider complètement le crabe, foie et partie crémeuse, en jetant la poche abdominale, qui se trouve vers l'avant.

DANS VOTRE ESTOMAC

Maigres, les crabes sont riches en oligo-éléments, magnésium, zinc, cuivre, phosphore (100 g de leur chair donnent 33 % de notre consommation quotidienne ; protéines, 20 g ; lipides, 2-5 g ; 121 calories).

DANS VOTRE GARDE-MANGER

Les crabes se conservent peu de temps : ils se vident rapidement. Il vaut donc mieux les faire cuire le plus vite possible. Les conserver dans un endroit humide et frais (bas de réfrigérateur).

LES CRABES

Galettes de tourteau aux pommes épicées

À l'Auberge bretonne, on aime les galettes de blé noir, et leur association avec les produits de la mer est des plus convaincantes. Dans cette recette, qui n'oublie pas qu'autrefois les épices débarquaient dans les ports atlantiques, il s'agit de chair de tourteau.

Pour 4 personnes :
4 galettes de blé noir • 1 kg de pinces de tourteau
2 pommes fruits • 2 carottes • 20 g de gingembre frais • 1 c. à c. de curry • 50 g de beurre • sel et poivre

sauce :
1 yaourt • 1 dl de pineau des Charentes
1 jus d'orange • 10 g de gingembre
150 g de beurre

Temps de réalisation :
1 h, dont 30 min d'exécution

Vins :
un vin méridional, pour affronter les épices, un coteaux-d'Aix blanc (le Château-Romanin de Jean-André Charrial, le propriétaire de l'Oustau de Baumanière)

 À vos fourneaux

1 Faites cuire 15 min les pinces de tourteaux dans une petite marmite d'eau bouillante. Égouttez-les ensuite et rafraîchissez-les.

2 Préchauffez le four à 180 °C (th. 6). Épluchez les carottes et les pommes et taillez-les en petits bâtonnets. Épluchez également le gingembre frais, y compris celui de la sauce et que vous réserverez à part, puis taillez-le en minces filaments. Réservez la chair des pinces de tourteaux dans un saladier.

3 Dans une poêle, faites fondre le beurre et faites-y revenir les carottes avec le gingembre pendant 5 min puis ajoutez le curry et les pommes. Laissez cuire 5 min. Réservez dans le saladier avec la chair de tourteau. Mélangez soigneusement et délicatement, assaisonnez. Fourrez les galettes de ce mélange, repliez-les et posez-les sur une tôle à pâtisserie. Enfournez et laissez cuire 10 min.

4 Préparez la sauce : portez à ébullition le jus d'orange avec le pineau et le gingembre. Ajoutez le yaourt et le beurre. Mixez soigneusement pour bien émulsionner. Lorsque les galettes sont bien chaudes, versez un peu de sauce au fond de 4 assiettes et posez-les par-dessus. Servez sans attendre, que tout soit bien chaud.

Soupe de tourteau à la bière

Pour 4 personnes :
2 tourteaux
100 g de beurre + 50 g
pour les croûtons
5 cl d'huile d'arachide ou
de pépins de raisin
1 l de court-bouillon
1 dl de bière blonde
4 petites tranches de pain
de seigle

court-bouillon :
3 l d'eau
1 carotte
2 oignons
1 branche de céleri
1 écorce d'orange séchée
2 clous de girofle
3 pétales d'anis étoilé
1 c. à s. de poivre noir
1 verre de vinaigre de vin
1 bouquet garni
1 poignée de gros sel
1 l de bière blonde

Temps de réalisation :
1 h de cuisson à l'avance
40 min de préparation, dont
20 min d'exécution

Vins :
une bière blonde
un peu amère

Cette recette est née d'une parenté d'arômes entre la bière et le tourteau qui vient d'être cuit, à la sortie de la marmite : des notes sucrées, légèrement levurées. Le court-bouillon, assez riche du point de vue aromatique, offre des parfums rappelant ceux du pain d'épice (girofle, anis, écorce d'orange séchée), qui s'accordent bien avec la bière.

Décortiquer un crabe est un travail un peu particulier mais qui ne présente pas trop de difficultés : il suffit de faire sauter, à l'aide de la pointe d'un couteau, l'opercule qu'il présente sous la carapace, puis d'enfoncer le couteau pour faire levier. La partie à laquelle les pattes sont attachées se sépare alors du coffre très aisément. Le corail et les parties crémeuses retirés, on peut couper la carapace par la moitié pour accéder à ses moindres recoins. Quant aux pinces, un bon casse-noix suffit. En revanche, il faut faire très attention aux cartilages, qui peuvent être sournois.

LES CRABES

 *À vos fourneaux*

1 À l'avance, faites cuire les tourteaux : dans une marmite, mettez 3 litres d'eau avec tous les ingrédients du court-bouillon, excepté la bière. Portez à ébullition et laissez frémir 30 min, puis ajoutez la bière, et au bout de 5 min, les crabes. Laissez frémir 20 min après la reprise de l'ébullition. Retirez alors du feu et laissez refroidir les crustacés dans leur eau de cuisson. Réservez 1 litre de celle-ci.

2 Ouvrez les tourteaux et réservez le corail. Décortiquez-les soigneusement – en éliminant bien les cartilages ! Répartissez la chair dans 4 assiettes creuses. Ôtez la croûte des tranches de pain de seigle et coupez-les en petits cubes. Faites frire dans le mélange de beurre et d'huile ces petits croûtons en faisant très attention qu'ils ne brûlent pas, puis égouttez-les sur du papier absorbant pour éliminer tout excès de graisse.

3 Faites chauffer le court bouillon réservé et ajoutez la bière blonde. Mettez le corail des tourteaux et les 100 g de beurre dans le bol du mixeur et faites tourner en ajoutant le court-bouillon. Réchauffez sans faire bouillir et versez, brûlant, sur la chair de tourteau. Servez les croûtons à part.

Araignée basquaise – Txangurro

Pour 2 personnes :
2 araignées femelles de 800 g
3 c. à s. d'huile d'olive
3 poireaux
1 gousse d'ail
3 échalotes
4 tomates fraîches
1 dl de cognac
chapelure
gros sel
sel et poivre

Temps de réalisation :
30 min à l'avance, dont 15 min de cuisson
1 h, dont 20 min de cuisson

Vins :
un gaillac blanc, vif et un peu perlant (Issaly)

L'araignée de mer est un membre injustement mal aimé de la famille des crabes. Il faut dire qu'elle est plutôt fragile et, autrefois, elle supportait mal le transport. Mais aujourd'hui elle ne se refuse plus rien et on la livre directement dans son vivier (à roulettes!) pour lui éviter les traumatismes. On la trouve sur les étals de décembre à juillet. Elle mérite d'être davantage connue car sa chair est très fine; les habitants des régions côtières, qui en sont les principaux consommateurs, ne s'y trompent pas. Cette recette, comme son nom l'indique, est une adaptation d'un plat traditionnel basque. L'association du poireau et des saveurs marines est classique, comme celle du cognac et des crustacés.

LES CRABES

 ## À vos fourneaux

1 Lavez soigneusement et brossez les crustacés à l'eau froide. Faites bouillir une grande marmite d'eau, salez-la et plongez-y les crustacés. Laissez-les cuire 15 min puis laissez refroidir.

2 Nettoyez soigneusement les poireaux et émincez-les finement. Épluchez et hachez l'ail et les échalotes. Mondez, épépinez et taillez en petits dés les tomates. Décortiquez les araignées en conservant la carapace, la chair, le corail et le jus qui s'écoule. Éliminez soigneusement tous les petits cartilages. Rincez bien les carapaces.

3 Dans une casserole, faites chauffer l'huile d'olive et mettez-y à suer les poireaux émincés, l'ail et l'échalote hachés. D'autre part, mixez ensemble le corail des araignées, le jus qu'elles ont rendu et les tomates concassées. Ajoutez ce mélange dans la casserole, puis versez-y le cognac. Incorporez alors la chair des crustacés, mélangez délicatement mais soigneusement et assaisonnez. Farcissez avec ce mélange les deux carapaces soigneusement rincées. Saupoudrez d'un peu de chapelure et passez à four chaud 220 °C (th. 8) pendant 5 min. Servez sans attendre.

LA PÊCHE AU CASIER

LA CREVETTE

🧺 Dans votre cabas

Pour obtenir de bonnes crevettes, il faut quasiment les pêcher soi-même car il est très difficile de les trouver vivantes sur les marchés. Cela arrive quelquefois : il faut alors en profiter car des crevettes qui bougent n'ont strictement rien à voir avec celles cuites (ou surgelées !). Dans l'Atlantique, au large de l'Europe, en eaux froides ou tempérées, on trouve couramment une quinzaine d'espèces, mais les plus appréciées sont les crevettes rouges, les plus méridionales, également appelées gambas, mesurant jusqu'à 20 centimètres de longueur et qui sont pêchées en eaux profondes ; les crevettes roses, dites bouquets, plus septentrionales, de taille moyenne (environ la moitié des gambas) et les crevettes grises, beaucoup plus petites et presque translucides lorsqu'elles sont vivantes, se trouvent le long des côtes : ce sont elles que l'on capture à l'haveneau, plus ou moins près du bord.

Vivantes, les crevettes que vous achetez doivent être bien fermes, avec une odeur de mer douce et agréable. Rejetez sans hésiter les crevettes à la carapace molle ou qui paraît visqueuse. Il faut compter que les crevettes perdent la moitié de leur poids entre la cuisson et le décorticage.

🍽 Dans votre assiette

La plus simple façon de manger les crevettes roses ou grises est encore de les cuire juste à l'eau et de les accompagner de pain et de beurre. Mais, attention ! Quelques secondes de cuisson de trop et c'est (presque) raté : même considérées comme grosses, ce sont de petites bêtes cuisant en quelques instants (environ 3 min). Cette préparation, facile et évidente, n'est sans doute pas la plus goûteuse : poêlées avec leur carapace, les crevettes développent tout leur arôme. C'est elle d'ailleurs qui donne son parfum aux bisques et aux soupes. On s'en sert également pour préparer du beurre de crevette…

Dans votre estomac

La chair des crevettes est riche en vitamines du groupe B, en protéines mais pauvre en lipides (pour 100 g : protéines, 20 g ; lipides, 2 g ; glucides, 1 g ; 106 calories).

🏠 Dans votre garde-manger

Les crevettes fraîches sont très fragiles : occupez-vous en rapidement si vous avez la chance d'en trouver… Cuites, elle peuvent se conserver un ou deux jours au réfrigérateur mais c'est du massacre !

LA CREVETTE

BISQUE DE CREVETTES

Pour 6 personnes :
1 poireau • 4 tomates
1 branche de céleri
2 dl de vin blanc • 500 g de crevettes grises • 50 g de beurre • 1,5 l d'eau • 1 dl de cognac • 150 g de crème fraîche • sel et poivre du moulin • pointe de cayenne

Temps de réalisation :
1 h 10 min, dont 1 h de cuisson

Vins :
un xérès fino, très sec

Si le cognac va bien aux crustacés, il est important de ne l'ajouter qu'à la fin : trop tôt, il perdrait de son parfum et, si on le fait flamber, les antennes des crevettes brûlent et donnent à la bisque un goût amer. De même, le piment de cayenne apporte aux crustacés de la saveur mais il ne faut l'ajouter qu'au dernier moment ; sinon, on n'en aurait que le brûlant. Il faut passer correctement cette bisque : si vous n'avez pas de chinois, vous pouvez utiliser une passoire assez fine (en toile métallique) et bien presser à l'aide d'un pilon ou d'une cuiller en bois.

À vos fourneaux

1 Ôtez le vert du poireau et nettoyez bien celui-ci soigneusement, en le fendant partiellement en quatre, pour être sûr de bien éliminer toute la terre. Effilez la côte de céleri et coupez-la en tronçons de 1 cm ainsi que le poireau.

2 Faites fondre le beurre dans une grande casserole et mettez-y à revenir le poireau et le céleri sans leur laisser prendre couleur. Lorsqu'ils sont translucides, ajoutez les crevettes et les tomates coupées en quatre. Il est inutile de les monder et de les épépiner : le tout sera passé au chinois à la fin. Remuez bien à la cuiller en bois puis, au bout de quelques minutes, mouillez avec le vin blanc. Laissez réduire un peu, puis ajoutez 1,5 litre d'eau. Portez à ébullition et laissez cuire 30 min à petits bouillons.

3 Mixez le tout et passez au chinois en pressant bien avec le dos de la cuiller pour extraire tous les sucs. Remettez le tout dans la casserole essuyée (cela ne sert à rien de passer le tout au chinois s'il reste des débris) et réchauffez le potage. Ajoutez la crème fraîche et le cognac et assaisonnez. Servez bien chaud avec des croûtons.

LA PÊCHE AU CASIER

BOUQUETS ROSES AU CALVADOS

Pour 4 personnes :
500 g de bouquets
2 c. à s. de calvados
50 g de beurre
fleur de sel de Guérande
poivre du moulin
pain de campagne
beurre demi-sel

Temps de réalisation :
10 min d'exécution sans aucune préparation

Vins :
un pouilly-fuissé (Valette), les arômes du chardonnay s'accordant bien à ceux de la mer et de la pomme

Bien sûr, il est indispensable pour ce plat d'avoir des crevettes bouquets vivantes : la saveur et la texture de leur chair sont alors incomparables.
Une grande simplicité pour ces crevettes sautées : tout l'arôme réside, dans la triple alliance carapace – beurre chaud – eau-de-vie de pomme… Le calvados, comme le cognac, ne doit pas flamber. Il brûlerait les carapaces, ce qui donnerait un goût amer au potage. Les grains de sel, même si ceux de la fleur de sel sont petits et fondants, apportent tout comme le poivre grossièrement moulu des surprises (des « accidents de texture et de saveur ») lorsque l'on suce les carapaces, et ne jouent pas simplement le rôle d'assaisonnement.

À vos fourneaux

1 Faites fondre le beurre dans une grande poêle et faites-y sauter vivement les crevettes. Ajoutez le calvados sans le faire flamber.

2 Salez à la fleur de sel (les petits grains sont délicieux sous la dent) et poivrez au moulin (là aussi, pas trop fin : le poivre juste concassé produit des petits éclats de saveur).

3 Servez avec du pain de campagne et du beurre fermier demi-sel.

Crevettes poêlées au curry

Pour 4 personnes :
500 g de crevettes
1 c. à c. de curry
50 g d'amandes effilées
50 g de beurre

Temps de réalisation :
10 min, sans aucune préparation

Vins :
un vin très aromatique, pour résister au curry, un pinot gris d'Alsace (Kuentz Bas), un des plus beaux accords...

On peut utiliser des crevettes grises ou roses selon son budget. L'essentiel est de ne pas laisser brûler les amandes. Il vaut donc mieux utiliser du beurre clarifié, ou bien être très attentif. L'association des saveurs du curry et des carapaces est très intéressante mais, attention... que le goût de l'épice ne domine pas totalement !

 *À vos fourneaux*

1 Dans une grande poêle, faites fondre le beurre et mettez les amandes à dorer vivement avec le curry. Attention ! les amandes brûlent très facilement...

2 Ajoutez les crevettes et faites les sauter rapidement en remuant la poêle pour que tous les ingrédients se mélangent bien. Assaisonnez de fleur de sel et servez bien chaud.

LE HOMARD

Dans votre cabas

Le homard se pêche des deux côtés de l'Atlantique mais, le homard européen est nettement supérieur à l'américain, et le homard breton est vraiment le roi. La finesse de sa chair et de son goût surpasse tous les autres. Le homard est exigeant : la température de l'eau ne doit être ni trop froide (en dessous de 5 °C, il ne se nourrit plus), ni trop chaude. Le homard européen est d'un bleu-noir profond avec des taches jaune clair. Plus il est vieux, et donc plus il est gros, plus sa carapace est claire.

La meilleure saison du homard s'étend de mai à octobre. Achetez plutôt un homard de moins d'un kilo, idéal pour deux personnes (seulement 40 % du poids vif est comestible). C'est la taille optimale, préférable à celle des homards « portions », trop jeunes. Achetez un homard remuant, qui bat de la queue lorsqu'on le saisit : signe de fraîcheur. Et de préférence femelle, leur chair est plus fine.

Dans votre assiette

Le homard se consomme cuit et préparé de multiples façons : entier, rôti, cuit au court-bouillon, ou coupé en deux et grillé ou cuit à l'étouffée, ou encore sauté, en plusieurs morceaux... Autrefois, on coupait les homards en deux dans le sens de la longueur, alors qu'ils étaient encore vivants. Aujourd'hui, on préfère les ébouillanter d'abord. Il faut un bon couteau ; on commence par fendre le coffre puis on coupe la queue. On réserve foie et corail (les parties vertes ou noires que contient le coffre) et on jette la poche à gravier, située dans la tête.

Dans votre estomac

La chair du homard est parfaitement maigre et excellente du point de vue nutritionnel : riche en protéines, en sels minéraux et en oligo-éléments (souffre, potassium, chlore, sodium), en vitamines, mais c'est typiquement un aliment piège... Gare aux sauces, mayonnaise ou autres (pour 100 g : protéines, 17 g ; lipides, 2 g ; glucides, 0,3 g ; cholestérol, 95 mg ; 87 calories).

Dans votre garde-manger

Si l'on veille à le garder dans une atmosphère relativement fraîche (le froid l'engourdit mais il meurt à 21-22 °C : évitez de l'exposer à des températures supérieures à 17-18 °C), le homard est plutôt résistant et se conservera sans problème deux ou trois jours dans le bas du réfrigérateur. Vous pouvez également le conserver cuit quelques jours, mais prenez garde qu'il ne se dessèche s'il est décortiqué.

HOMARD AU PORTO

Pour 2 personnes :
1 homard femelle de 800 g
1 brin d'estragon
2 tomates • 2 c. à s. d'huile d'olive • 80 g de beurre mou • 2 dl de porto
2 dl de crème fraîche
1/2 dl de cognac
sel et poivre

Temps de réalisation :
45 min, dont 30 min d'exécution

Vins :
un grand porto vintage – millésimé (Taylor's)

De part et d'autre de l'Atlantique, le homard Newburg, une création américaine de la fin du siècle dernier, a été l'un des plats phares de la grande cuisine depuis cette époque. Ce plat en est une adaptation plus moderne, plus légère, et qui met en valeur des produits de la côte : la crème, indispensable, (elle est la base de la recette), le cognac, le porto et, bien sûr, le homard, qui doit être breton car il n'a, comme chacun le sait, rien à voir avec celui d'outre-Atlantique (même si ce type de préparation est originaire de là-bas !). Une recette pour combler des envies de luxe et de nostalgie.

À vos fourneaux

1 Pelez et épépinez les tomates, coupez-les en quatre. Faites bouillir une marmite d'eau, salez-la et plongez-y le homard 1 min environ. Rafraîchissez. Arrachez les pinces, et avec les deux mains, séparez la queue du coffre. Fendez le coffre en deux dans le sens de la longueur puis retirez le corail. Tronçonnez la queue en 5 morceaux. Avec le plat de la lame d'un gros couteau brisez la carapace des pinces sans chercher à les décortiquer.

2 Dans une cocotte, faites chauffer l'huile d'olive et mettez-y à revenir à feu vif les morceaux de homard. Quand ils ont une belle couleur rouge, ajoutez les tomates, versez le cognac et le porto sans les flamber puis la crème. Laissez mijoter 8 min.

3 Travaillez le corail avec le beurre en pommade dans un petit bol pour bien les amalgamer. Versez un peu de sauce sur le mélange et délayez-le soigneusement. versez alors sur les morceaux de crustacé et donnez une légère ébullition. Rectifiez l'assaisonnement et servez rapidement.

HOMARD AUX GIROLLES ET AUX PALOURDES

Pour 4 personnes :
2 homards de 700 g
5 l d'eau • 100 g de beurre
200 g de girolles
12 palourdes • 2 gousses
d'ail • sel et poivre

Temps de réalisation :
45 min, dont 30 min
d'exécution

Vins :
un grand meursault,
l'accord avec le homard est
classique (le charmes de
Dominique Lafon) ou un vin
du Jura issu du cépage
savagnin (Pierre Overnoy)

Ici encore les coquillages sont utilisés « en assaisonnement » et la recette peut être prise comme une variation portugaise : cuisson rapide à l'étouffée, comme dans la cataplana, coquillages pour amener sel et parfum d'iode. Mais les girolles apportent une dimension supplémentaire et on peut aussi y voir un jeu de texture, celui d'une certaine fermeté… La concentration des arômes est incroyable, mariant pleine mer et sous-bois, développant même des parfums de noix. C'est une véritable surprise lorsque l'on découvre le récipient. Un plat pour satisfaire une envie automnale de homard, une dernière fois avant que la saison ne se termine.

À vos fourneaux

1 Faites chauffer l'eau dans une grande marmite et, lorsqu'elle bout, plongez-y les homards 2 min puis rafraîchissez-les. Coupez-les en deux dans le sens de la longueur. Nettoyez les girolles sous un filet d'eau en vous aidant d'un pinceau. Épluchez les gousses d'ail et écrasez-les simplement sous la lame du couteau. Nettoyez les palourdes à plusieurs eaux. Préchauffez le four à 220 °C (th. 8).

2 Dans une cocotte en fonte, faites chauffer le beurre et ajoutez les gousses d'ail. Faites revenir 3 min les morceaux de homard au beurre bien chaud. Ajoutez les girolles et les palourdes. Assaisonnez très légèrement (attention au sel des palourdes). Couvrez et mettez au four pour 15 min.

3 Servez dans la cocotte et ne soulevez le couvercle qu'au dernier moment pour ne libérer qu'à table le parfum, extraordinaire.

LE HOMARD

HOMARD AUX ALGUES

Pour 4 personnes :
4 homards de 400 g
1 bonne poignée d'algues

Temps de réalisation :
15-20 min, sans préparation

Vins :
un grand graves blanc,
un pessac-léognan (Château Fieuzal)

Cette recette est l'occasion d'une évasion totale. Le sentiment de faire une promenade sur la Côte Sauvage par gros temps : une grande bouffée d'iode et d'air marin. Si simple que tous les accompagnements lui sont permis : à la bretonne, avec juste du pain et du beurre ; ou bien, avec une marinade d'herbes comme on en prépare souvent à l'Auberge bretonne. Mais c'est également délicieux avec un beurre blanc…

À vos fourneaux

1 Prenez une bonne cocotte en fonte avec un couvercle, assez grande pour contenir les quatre homards. Mettez 4 cm d'eau dans le fond. Ajoutez la moitié des algues. Couvrez, faites chauffer et laissez bouillir 2 min.

2 Posez les homards sur les algues et couvrez avec les algues restantes. Mettez le couvercle, bien ajusté, et cuisez 10 min. Servez dans la cocotte et ne découvrez qu'à table pour avoir la surprise de sentir la mer tout d'un coup.

LA LANGOUSTINE

DANS VOTRE CABAS

La langoustine, davantage parente du homard que de la langouste malgré son nom, est relativement nouvelle sur nos tables: ce n'est qu'après la Première Guerre mondiale que l'on a commencé à l'apprécier, mais, depuis, son goût fin et tout à fait particulier a su conquérir les plus exigeants. Les principaux lieux de pêche atlantiques européens se situent du golfe de Gascogne à la côte sud de la Bretagne et, beaucoup plus au nord, au large de l'Irlande. Vendue vivante lorsqu'elle provient de lieux de pêche peu éloignés, elle le sera «glacée» (conservée dans la glace), arrivant de plus loin: ainsi, en France, les langoustines du golfe de Gascogne se classent dans la première catégorie tandis que celles, plus grosses, de la mer Celtique, au nord-ouest de l'Irlande, font partie de la seconde. Les petits spécimens, de moindre valeur commerciale, sont en fait les meilleurs (cela s'explique par la plus grande surface de carapace par rapport au poids total: celle-ci étant pour une bonne part responsable de la saveur). Les transports modernes permettent une meilleure commercialisation des langoustines vivantes: on en trouve aujourd'hui fréquemment, alors qu'il n'y a pas si longtemps elles étaient réservées aux zones côtières et à quelques grandes villes.

Une langoustine bien fraîche sent bon, sa carapace est ferme et luisante, ses yeux sont très noirs et bien brillants. Si elle a un aspect terne, si elle sent fort, ne l'achetez pas…
Enfin, le rapport entre poids net (la chair de la queue) et poids brut est de un pour trois.

DANS VOTRE ASSIETTE

Les langoustines peuvent se préparer, entières ou décortiquées, crues, cuites à l'eau, à la vapeur, grillées, sautées, rôties: l'essentiel est de ne surtout pas trop les faire cuire, sinon leur chair devient cotonneuse et perd beaucoup de sa saveur.

DANS VOTRE ESTOMAC

Maigres, peu caloriques, les langoustines sont en revanche riches en magnésium, en calcium, en oligo-éléments divers – cuivre, iode, fluor (pour 100 g: protéines, 17 g; lipides, 2 g; glucides, 1-2 g; 91 calories).

DANS VOTRE GARDE-MANGER

Les langoustines sont fragiles: si elles arrivent vivantes jusqu'à l'étal de votre poissonnier c'est grâce aux miracles de la technique… Préparez-les rapidement: au plus tard le soir, si vous les avez achetées le matin et gardées dans le bas de votre réfrigérateur. Glacées, agissez de même. Cuites, vous les gardez deux jours au réfrigérateur, mais est-ce bien utile?

LA LANGOUSTINE

LANGOUSTINES POÊLÉES AUX HERBES

Pour 4 personnes
1 kg de langoustines bien vivantes • 100 g de beurre demi-sel • 1 c. à s. d'huile d'olive • 1 zeste d'orange • 1 tranche de gingembre • petites feuilles de basilic • pluches d'aneth feuilles d'estragon • sel et poivre du moulin

Temps de réalisation :
25 min, dont 20 min d'exécution.

Vins :
un grand vin blanc de Loire, un savennières (Morgat)

Contrairement aux idées reçues, les petites langoustines sont souvent meilleures que les grosses : il y a peut-être moins à manger mais la chair est plus goûteuse car c'est la carapace, proportionnellement plus importante, qui donne son parfum au crustacé. Achetez les donc petites – elles sont moins chères – et bien vivantes (la langoustine est fragile et, glacée, ce n'est plus vraiment la même chose). S'il est indispensable de rincer les langoustines, il ne faut pas que cela dure trop longtemps, il est inutile de les délaver : ne les faites pas tremper mais passez-les rapidement sous l'eau froide.

À vos fourneaux

1 Triez soigneusement les langoustines pour éliminer les mortes, ôtez les petites saletés (algues, poissons morts). Lavez-les rapidement à grande eau et égouttez-les dans une passoire. Épluchez et taillez le gingembre en fine julienne. Taillez également le zeste d'orange en très petits bâtonnets.

2 Prenez une grande poêle et faites-y chauffer le mélange de beurre et d'huile. Dès que le beurre mousse, ajoutez les petites langoustines et faites-les revenir 2 min en les faisant sauter (ou en les retournant à l'aide d'une spatule). Ajoutez le zeste d'orange et le gingembre et poursuivez la cuisson encore 4 min sans arrêter de les remuer.

3 Retirez du feu, salez et poivrez de quelques tours de moulin puis ajoutez les herbes et couvrez pour laisser tous les parfums se développer. Attendez ainsi 2 min (la gourmandise doit savoir être patiente…). Dressez dans un plat de service et servez très chaud. N'oubliez pas les rince-doigts.

LA PÊCHE AU CASIER

SOUPE DE LANGOUSTINES

Pour 6 personnes :
1,5 kg de langoustines
100 g de crème fraîche
1 dl d'huile • 1 échalote
1 petite botte de cerfeuil
2 ou 3 branches d'estragon

court-bouillon :
2 l d'eau • 1 bouteille de
muscadet • 1 gros oignon
1 carotte • 1 blanc de
poireau • 1 bouquet garni
1 c. à c. de poivre noir
sel

Il est important dans la cuisson du court-bouillon de n'ajouter le muscadet qu'à la fin, comme d'ailleurs dans toute préparation qui mélange vin et légumes : le vin empêche leur cuisson et, quoi que l'on fasse, ils restent durs.

Temps de réalisation :
un peu plus de 1 h, dont
30 min d'exécution

Vins :
un vin frais et sans histoire
(Lucien Barré)

 À vos fourneaux

1 Nettoyez, lavez, épluchez tous les légumes du court-bouillon et mettez-les dans une marmite, coupés en gros morceaux, avec les autres ingrédients. Ajoutez l'eau, faites cuire 30 min puis ajoutez le muscadet. Choisissez une trentaine de langoustines plus grosses et, dès que l'ébullition a repris, faites les cuire au court-bouillon 6 min, puis laissez-les refroidir. Réservez 1 litre de liquide.

2 Pendant la cuisson du court-bouillon, épluchez et ciselez l'échalote, effeuillez le cerfeuil, faites-en autant avec l'estragon et hachez-le. Mettez ces herbes dans le fond de la soupière. Concassez grossièrement les langoustines.

3 Essuyez la marmite, dans laquelle le court-bouillon a cuit, faites-y revenir, à l'huile, les langoustines concassées avec l'échalote. Mouillez avec le liquide réservé et laissez cuire 10 min. Décortiquez les langoustines cuites au court-bouillon refroidies et mettez les queues avec les herbes, au fond de la soupière.

4 Passez le bouillon au chinois en pilant bien pour en extraire tous les sucs. Délayez le bouillon avec la crème fraîche, réchauffez à feu doux et vérifiez l'assaisonnement. Versez le bouillon bien chaud dessus et servez sans attendre.

LA LANGOUSTINE

GROSSES LANGOUSTINES GRILLÉES

Pour 4 personnes :
10 très grosses langoustines
2 c. à s. d'huile d'olive
1 citron • fleur de sel
poivre du moulin

Temps de réalisation :
10-15 min, dont 5 min de cuisson

Vins :
un châteauneuf-du-pape
blanc, pour son opulence
(Pierre André)

Ici, on choisira de très grosses langoustines pour préserver tout le moelleux de la chair. Dans ce plat, la texture prime sur l'arôme… Non pas qu'il ne soit pas présent, mais la consistance est décisive, et le mode de cuisson, plutôt agressif. Soyez vigilant lorsque les langoustines seront sous le gril, il vaut mieux quelques secondes de moins que de trop !

À vos fourneaux

1 Coupez les langoustines en deux dans le sens de la longueur, ôtez le petit boyau noir qui traverse la queue et rangez-les au fur et à mesure sur une tôle à pâtisserie, carapace contre la plaque, chair vers le haut. Salez et poivrez les langoustines et arrosez-les d'un mince filet d'huile d'olive.

2 Allumez le grill du four et, lorsqu'il est bien rouge, passez les langoustines 5 min dessous. Rangez dans des assiettes assez grandes. Quelques grains de fleur de sel sur chaque langoustine, un tour de moulin à poivre, une goutte d'huile d'olive et vite… à table ! Le citron, c'est comme on veut.

LA PÊCHE D'ESTUAIRE

Un peu d'histoire

Les migrations des poissons amphihalins (qui vivent alternativement en eaux douces et en eaux salées) ont de tous temps fasciné les hommes. Et quelle aubaine ! Tous ces poissons qui, à période fixe, s'engouffrent dans les estuaires par bancs entiers pour remonter le cours des fleuves… Il fallait en profiter. Ce qui fut fait très tôt dans l'histoire : si toutes ces espèces sont connues depuis l'Antiquité, contrairement à d'autres qui virent leur faveur décliner au cours du Moyen Âge, elles suscitèrent à cette époque un intérêt commercial certain. De nombreux textes qui parlent d'aloses, d'anguilles, de lamproies ou de saumons le montrent dès le XIIIe siècle (et même avant pour le saumon en Irlande). Deux siècles plus tard, les civelles sont citées comme des plats servis aux hôtes de marque de la ville de Nantes. Ces poissons de pêche d'estuaire semblent même avoir une très grande renommée dans ces époques lointaines et l'on est étonné des prodiges accomplis pour les livrer loin de leurs lieux de capture (en pleine Renaissance, on amenait ainsi jusqu'à Paris les lamproies de Loire dans des tonnelets spéciaux, emplis d'eau). Les anguilles sont considérées comme des mets de choix et consommées dans toutes les classes de la société : elles servent de base à quelques préparations de la grande cuisine classique, en particulier à des pâtés. Il en fut ainsi pour tous ces poissons jusqu'au XIXe siècle, où, globalement, on voit cet engouement s'estomper même s'il peut rester très vif localement. Est-ce la concurrence du poisson de mer, devenu plus accessible ? Les techniques de pêche sont diverses : filet tramail que l'on lance ou nasse pour la lamproie, filets dérivants pour le saumon ou l'alose, nasse, bosselle (une espèce de casier en bois très allongé) ou lignes de fond pour les anguilles, tamis pour les civelles. Le choix

LA PÊCHE D'ESTUAIRE

est assez vaste et a permis de trouver pour chaque cas des solutions (trop) efficaces : aujourd'hui, certaines espèces sont devenues franchement rares malgré les efforts pour les sauvegarder. C'est évidemment le cas du saumon, victime de l'aménagement des rivières (et de leur pollution) mais aussi de la pêche intensive à laquelle il est soumis. Dès le XVIIIe siècle, on se plaignait de sa raréfaction dans l'Adour, où l'on pratiquait déjà une pêche quasiment industrielle grâce à une « machine » inventée au siècle précédent, le baro, qui ne laissait que peu de chances aux poissons. Cent ans plus tard, c'est déjà une espèce menacée. Il faut dire qu'il était considéré comme le roi des poissons de rivière et la consommation de saumon salé (on ne le fumait pas encore) était telle en France qu'il fallait en importer d'Angleterre, d'Irlande et d'Écosse. Cette raréfaction concerne aussi les pibales, (ou civelles) devenues un mets de grand luxe. Traditionnellement, elles étaient consommées au Pays basque espagnol et, en France, dans le pays nantais mais il semblerait que ce goût ait traversé les Pyrénées depuis les années 50 et ait conquis le Pays basque français, avant de devenir aujourd'hui une mode. Les prix se sont envolés, leur pêche est devenue intensive, et cela risque de compromettre la survie de l'anguille, qui meurt ainsi bien avant d'être adulte. Quant à l'alose et la lamproie, leur pêche est capricieuse : il y a depuis toujours les bonnes et les mauvaises années.

LE POINT DE VUE DU CHEF

Excellents, ces différents poissons migrateurs méritent tous que l'on s'y intéresse de très près. Malheureusement, certains, victimes de la mode, comme les civelles, sont hors de prix alors que d'autres semblent être doucement oubliés : ainsi en est il de l'alose ou de l'anguille, un peu tombées en désaffection, ou mal connues en dehors de leurs zones de pêche, ce qui est dommage car leur chair est véritablement excellente. Quant à la lamproie, elle ne se trouve plus que localement. Le problème n'est pas le même avec le saumon sauvage : il est, lui, devenu tellement rare que ceux qui connaissent son goût sont aujourd'hui peu nombreux. Et ce goût n'a rien à voir avec celui du saumon proposé en général sur les étals des poissonniers ! Si son élevage a, du point de vue commercial, parfaitement réussi, on ne peut pas dire qu'il en soit de même du point de vue gustatif. Hélas…

LA PÊCHE D'ESTUAIRE

L'ALOSE

DANS VOTRE CABAS

Ce poisson, de la même famille que la sardine, est difficile à se procurer loin des zones de pêche autorisée en estuaires, du 1er mars au 30 juin et, en mer, toute l'année. Dans les estuaires, on attend souvent la fin de la pêche des civelles (ou pibales) entre le 15 mars et le 15 avril, selon les cas. Il existe deux types principaux d'alose : la grande alose, qui remonte les fleuves et peut avoir un poids de 3 kilos et atteindre 60 centimètres de longueur, et l'alose feinte, plus petite, qui se cantonne aux estuaires sans même remonter dans les petits cours d'eau adjacents.

On expérimente actuellement la fumaison de l'alose car sa chair, assez grasse, s'y prête bien et, comme pour tous les poissons migrateurs, sa pêche est très abondante pendant un laps de temps relativement court : il faut donc lui trouver des débouchés.

DANS VOTRE ASSIETTE

La chair très fine de l'alose, un peu grasse, est appréciée depuis l'Antiquité. Au Moyen Âge, ce poisson, frais ou salé, faisait partie de ceux que l'on citait couramment dans les ouvrages de cuisine. L'alose est appréciée dans les régions de pêche : sur la Gironde, elle est ainsi l'héroïne de fêtes où il s'en grille d'énormes quantités tout au long de la saison. Sur la braise ou au gril sont les modes de préparation les plus courants. Mais on peut également la rôtir, à la broche ou au four, la cuire au plat, farcie ou non d'oseille (dans la région de la Loire, on la farcit d'oseille à laquelle on ajoute les œufs du poisson ou la laitance). Il faut simplement prendre garde à ne pas trop la laisser cuire : outre le fait de détruire la texture de la chair, les arêtes se détachent plus facilement et, au lieu de rester fixées à l'arête centrale, elles se répandent dans la chair.

Il faut l'écailler et la laver soigneusement ; en la vidant, on réserve les œufs ou la laitance, généralement très appréciés.

DANS VOTRE ESTOMAC

L'alose est un poisson plutôt gras, comme tous ceux de sa famille. Sa valeur nutritive est moyenne (pour 100 g : protéines, 17 g ; lipides, 14 g ; 197 calories).

DANS VOTRE GARDE-MANGER

Comme tous les poissons à chair grasse, l'alose est fragile… Il faut donc la conserver bien au frais et la consommer le jour même ou la vider immédiatement et la préparer, au plus tard, le lendemain.

ALOSE À L'OSEILLE

Pour 4 personnes
1 alose de 1 kg
600 g de feuilles d'oseille
50 g de beurre pour la cuisson de l'oseille • 100 g de beurre • 5 cl d'eau
sel et poivre

Temps de réalisation :
Moins de 1 h (plus 10 min si vous nettoyez le poisson), dont 30 min de cuisson

Vins :
un vin blanc de Touraine un peu spécial, un chinon blanc, issu du cépage chenin (Couly-Dutheil), pour son goût minéral, presque métallique, qui s'accordera à celui de l'oseille

Grande recette classique du Pays basque et de la Gironde, où l'alose, pêchée autrefois en abondance, est toujours très appréciée. Dans les ports de l'estuaire, il y a même au printemps, lorsque le poisson remonte les cours d'eau pour aller pondre, des fêtes de l'alose. L'oseille va bien à celle-ci, qui est un poisson gras, l'acidité de la verdure rétablissant l'équilibre. Elle a une autre qualité : on dit qu'elle aide à dissoudre les petites arêtes qui garnissent assez abondamment, il faut bien le dire, la chair de ce poisson. Cela doit être vrai : l'alose à l'oseille est un plat délicieux.

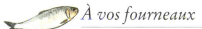 *À vos fourneaux*

1 Écaillez et videz l'alose (ou demandez à votre poissonnier de le faire pour vous). Ôtez la grosse nervure des feuilles d'oseille, lavez celles-ci et épongez-les bien dans un torchon. Préchauffez le four à 180 °C (th. 6).

2 Dans une grande poêle, faites tomber l'oseille avec 50 g de beurre. Dès qu'elle est complètement flétrie, mettez-la dans une passoire pour qu'elle s'égoutte bien. Puis farcissez-en la cavité ventrale de l'alose et cousez la poche ou tenez-la fermée avec des cure-dents en bois.

3 Beurrez un plat allant au four et posez l'alose dedans. Enduisez-la grassement de beurre, salez et poivrez de quelques tours de moulin. Versez 5 cl d'eau dans le fond du plat. Enfournez et laissez cuire 30 min.

LA PÊCHE D'ESTUAIRE

ALOSE AU VINAIGRE

Pour 4 personnes
1 alose d'un kilo
4 échalotes
1 dl de vinaigre de vin
1 dl de vin blanc
3 tomates
2,5 dl de crème fraîche
1 branche d'estragon
1 bouquet de ciboulette
sel et poivre

Temps de réalisation :
un peu plus de 30 min

Vins :
un bordeaux blanc
provenant du Médoc
(Château Saransot-Dupré)

L'alose est un poisson dit « gras » et comme chez tous ceux de sa famille (le hareng, ou encore la sardine, le maquereau, l'anchois ou le saumon…), la chair l'est suffisamment pour ne pas en réclamer davantage et pouvoir être cuite « à sec », dans une poêle anti-adhésive. Cela veut dire aussi que dans son assaisonnement une pointe d'acidité est la bienvenue pour équilibrer… Ici, c'est la tomate, le vinaigre et le vin blanc qui ont la charge d'apporter cette touche acidulée. Mais elle n'aura aucune action sur les petites arêtes cette fois-ci : la sauce n'intervenant qu'au dernier moment…

L'ALOSE

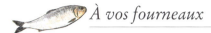 *À vos fourneaux*

1 Pelez et épépinez les tomates, concassez-les en petits dés. Épluchez et ciselez finement les échalotes. Effeuillez et hachez l'estragon, ciselez finement la ciboulette et réservez séparément. Levez les filets de l'alose, ôtez-en la peau et coupez chacun d'eux en 4 parts. Assaisonnez-les.

2 Dans une casserole, mettez les échalotes ciselées, le vinaigre et le vin blanc, et faites réduire à sec. Mouillez alors avec la crème fraîche et ajoutez les dés de tomate et l'estragon haché. Laissez cuire 5 min. Ajoutez à ce moment-là la ciboulette ciselée.

3 Poêlez les filets, à sec, 3 min de chaque côté, puis disposez-les dans le plat de service et nappez de sauce.

LA PÊCHE D'ESTUAIRE

L'ANGUILLE

DANS VOTRE CABAS

Comme l'alose ou la lamproie, l'anguille est appréciée depuis l'Antiquité. Elle faisait le bonheur des gourmands du Moyen Âge. Jusqu'au siècle dernier, elle figurait par les quantités pêchées à la toute première place des poissons d'eau douce.

Les anguilles se pêchent toute l'année : il s'agit alors de spécimens sédentaires, qui ne sont pas encore prêts à retourner frayer dans la mer des Sargasses. Elles sont alors dites jaunes ou vertes (couleur de leur ventre). Les plus appréciées sont celles que l'on prend, d'octobre jusqu'à la fin de décembre, lorsqu'elles redescendent les cours d'eau pour rejoindre l'océan. Elles sont alors noires et argentées.

Fraîches, les anguilles sont vendues entières mais on peut également les trouver tronçonnées. Fumées, elles le sont en filets.

DANS VOTRE ASSIETTE

L'anguille achetée fraîche et entière doit être écorchée à la dernière minute. Prenez garde aux coupures : certains prétendent que le sang cru est venimeux. D'autre part, la peau couverte d'une sorte de mucus, est très glissante : traditionnellement, on étouffait l'anguille dans du gros sel, ce qui permettait également d'avoir une meilleure prise. Pour écorcher une anguille, on doit l'assommer puis la pendre par la tête après avoir fait une incision tout autour du corps, la dépouiller en s'aidant d'un torchon et en tirant vivement vers la queue la peau, qui, épaisse, ne risque pas de se déchirer. On peut aussi la découper en tronçons puis la griller rapidement, sans la cuire, à feu très vif : la peau cloque et se retire alors facilement. Elle perd ainsi une grande partie de sa graisse.

La chair de l'anguille est fine, ferme, grasse et se prête à de multiples préparations : des différentes matelotes régionales aux pâtés de la grande cuisine, en passant par la grillade, la friture, ou à la diable, à la poulette, en soupe, en persillade… Elle est excellente fumée.

DANS VOTRE ESTOMAC

La chair de l'anguille est réputée peu digeste, certainement en raison des assaisonnements gras. Elle est riche en vitamines A et D (pour 100 g : protéines, 18 g ; lipides, 12 g ; 184 calories).

DANS VOTRE GARDE-MANGER

Vivante, l'anguille supporte plutôt bien, grâce à sa peau épaisse, de rester à l'air libre (il n'est pas rare d'ailleurs d'en capturer dans l'herbe). En revanche, morte, elle est très fragile et sa chair périssable ne se conserve pas plus d'un jour au réfrigérateur. Fumée, il faut tout de même la garder au frais.

L'ANGUILLE

ANGUILLE EN COCOTTE AU SAFRAN

Une recette d'inspiration portugaise qui pose quelque problème pour le vin d'accompagnement (à cause du safran) : un bon graves blanc a suffisamment de charpente pour ne pas craindre les épices.

Pour 4 personnes :
1 kg d'anguille • 600 g de pommes de terre
2 poireaux • 4 oignons • 2 gousses d'ail
1 bonne pincée de safran • 1 dl de vin blanc
1 l d'eau • 50 g de beurre
+ 15 g pour la cocotte

Temps de réalisation :
environ 1 h 15 min, dont 45 min d'exécution

Vins :
un couhins-lurton, pessac-léognan blanc

 *À vos fourneaux*

1 Pelez et taillez en rondelles assez fines les pommes de terre et réservez-les dans un torchon humide. Nettoyez et lavez soigneusement les poireaux et émincez-les, épluchez les oignons et émincez-les également, épluchez les gousses d'ail et hachez-les. Dans une grande casserole, faites fondre les 50 g de beurre et mettez-y à suer oignon, poireaux et ail pendant 5 min. Mouillez alors avec le vin blanc, puis avec le litre d'eau. Ajoutez la pincée de safran et laissez cuire 10 min. Pendant ce temps, découpez la ou les anguilles en tronçons d'environ 5 cm. Préchauffez le four à 180 °C (th. 6).

2 Prenez une cocotte en terre ou en fonte, beurrez-en le fond et les parois. Au fond disposez une couche de rondelles de pomme de terre puis couvrez d'une couche de tronçons d'anguille. Avec une écumoire, sortez un peu du mélange oignon-ail-poireau et étalez-le sur les morceaux d'anguille. Mouillez avec 1 ou 2 louches du bouillon. Recommencez : pommes de terre, anguille, oignon-ail-poireau, bouillon, jusqu'à épuisement des ingrédients. Versez dessus le bouillon restant et couvrez.

3 Enfournez et laissez cuire environ 25-30 min : les pommes de terre doivent être cuites. Vérifiez en plantant la pointe d'un couteau, qui doit les traverser sans résistance. Servez dans la cocotte.

LA PÊCHE D'ESTUAIRE

MATELOTE AU MUSCADET

Pour 4 personnes :
1 kg d'anguille
500 g de poissons divers (poisson-chat, brochet, tanche)
1 bouquet garni
300 g de champignons de Paris
12 petits oignons
3 échalotes
1 bouteille de muscadet
50 g de beurre + 10 g pour les échalotes
50 g de farine
250 g de crème fraîche
facultatif : 12 pruneaux

Temps de réalisation :
1 h-1 h 15 min, dont 3 fois 10 min de cuisson

Vins :
un muscadet, évidemment, pas seulement parce qu'il entre dans la recette, mais aussi pour sa vivacité (Sauvion et fils)

Faites nettoyer l'anguille par votre poissonnier (cela est très fastidieux), ainsi que les autres poissons nécessaires pour préparer cette matelote. Cette recette est un grand classique de l'embouchure de la Loire, où elle porte le nom de « bouilleture ». Si les pêcheurs du lac de Grand-Lieu vendent toujours sandres et brochets, les anguilles constituent l'une de leurs principales ressources et assez souvent leur ordinaire.
Traditionnellement, on ajoutait à ce plat du raisiné (une sorte de confit obtenu de moût de raisin – on est dans une grande région de vignobles, entre Anjou et Muscadet), mais c'est un produit assez rare aujourd'hui : vous pouvez le remplacer par des pruneaux si vous le désirez : vous les mettrez alors à cuire dans la sauce en même temps que les champignons et les petits oignons.

L'ANGUILLE

À vos fourneaux

1 Préparez tous les ingrédients : épluchez et ciselez les échalotes, épluchez les petits oignons ; coupez le bout terreux des champignons, passez-les sous l'eau et coupez-les en quartiers ; coupez les poissons en tronçons de 5 cm environ.

2 Dans une marmite basse, faites fondre le beurre et mettez-y à suer les échalotes ciselées puis mouillez avec le muscadet. Ajoutez le bouquet garni et laissez cuire 10 minutes environ avant d'y mettre les tronçons de poissons. Cuisez encore 5 min et réservez.

3 Essuyez la marmite, mettez-y à fondre le beurre sans lui laisser prendre couleur. Ajoutez la farine et mélangez bien pour faire un roux blond. Mouillez avec le jus de cuisson des poissons, en le versant par petites quantités. Ajoutez les petits oignons et les champignons coupés en quartiers. Laissez cuire 10 min environ, le temps que le liquide épaississe un peu. Ajoutez alors la crème fraîche puis les morceaux de poisson. Laissez mijoter encore 10 min et servez très chaud.

Pâté d'anguille aux herbes

Pour terrine d'1 l et demi :
1,5 kg de filets de colin
1,5 kg de filets d'anguille
5 échalotes
100 g de persil
100 g de cerfeuil
100 g de ciboulette
300 g d'épinards
60 g d'oseille
1 botte de cresson
3 branches de céleri
4 œufs
2 dl de vin blanc
1 dl de crème fraîche
20 g de beurre
sel et poivre

Temps de réalisation :
2 h 15 min environ, dont à peu près 45 min d'exécution

Vins :
un vouvray sec (l'un des meilleurs est certainement celui de Foreau) : le cépage chenin dont il est issu est, en général, un merveilleux compagnon pour les poissons de rivière

Les pâtés d'anguille ont été de grands classiques de la cuisine française : ici la farce « en vert » offre une variante aux recettes qui ont fait la gloire de bien des cuisiniers et des cordons-bleus du siècle passé. Les verdures apportent une légèreté et une fraîcheur modernes.

Pour le démoulage du pâté, il convient de beurrer largement la terrine (ou le moule) ou mieux encore d'en recouvrir les parois de film alimentaire. Cela demande un peu de soin mais se révèle très efficace : le mieux est d'humidifier légèrement les parois, ce qui permet au film d'adhérer parfaitement et, le plus important, de le lisser complètement. En effet, s'il forme des plis, ceux-ci risquent d'être pris dans la farce et de compromettre la solidité de l'ensemble à la fin…

L'ANGUILLE

S *À vos fourneaux*

1 Nettoyez et lavez toutes les herbes et les verdures, effeuillez-les, essorez et réservez. Effilez les côtes de céleri, lavez-les soigneusement et coupez-les en tronçons. Épluchez les échalotes et hachez-les grossièrement. Hachez à la grille fine toutes ces herbes et les légumes ainsi que la chair du colin et 500 g de la chair des anguilles. Mélangez soigneusement dans un saladier, ajoutez les œufs entiers et la crème fraîche, assaisonnez et amalgamez bien le tout. Dans une grande poêle, faites fondre le beurre et poêlez-y rapidement les filets d'anguille restants. Préchauffez le four à 150 °C (th. 5).

2 Dans une terrine rectangulaire ou un moule à cake, montez la terrine : étalez une couche de farce au fond puis, par-dessus, disposez en long et côte à côte des filets d'anguille ; recouvrez avec une couche de farce et recommencez en alternant toujours filets et farce. Terminez par une couche de farce, égalisez avec une spatule humide. Couvrez la terrine, ou mettez une feuille d'aluminium sur le moule à cake et percez-la par endroits pour laisser la vapeur s'échapper.

3 Dans un plat allant au four, à bord assez haut et suffisamment grand, posez la terrine et versez de l'eau bouillante dans le plat jusqu'aux deux tiers de sa hauteur. Enfournez et faites cuire 1 h 30. Après ce laps de temps, sortez la terrine, et mettez le contenu sous presse à l'aide d'une planchette de même taille et de quelques poids (pas trop lourds…). Laissez complètement refroidir. Démoulez dans un plat de service parfaitement plat (genre plat à gâteaux) et servez accompagné d'une mayonnaise aux fines herbes.

LA PÊCHE D'ESTUAIRE

LA LAMPROIE

Dans votre cabas

La lamproie la plus recherchée est la lamproie « marine » : il en existe une autre, « fluviale », plus petite et de moindre intérêt gastronomique. Elle est pêchée au printemps, en principe de mars à juin, mais en pratique toujours après la fermeture de la pêche aux pibales. À ce moment-là, elle remonte les fleuves pour gagner les frayères : même si la lamproie ressemble un peu à l'anguille, elle se comporte à l'inverse de celle-ci et se reproduit en eaux douces. Si, autrefois, les lamproies étaient expédiées depuis Nantes jusqu'à Paris, aujourd'hui, seuls les riverains des estuaires où elle est pêchée, d'ailleurs très irrégulièrement, peuvent en profiter.

Dans votre assiette

La lamproie nécessite une préparation assez longue avant de pouvoir être cuisinée. Suspendez la lamproie par la gueule. Faites une incision au niveau de la queue, récupérez le sang dans un récipient et ajoutez du vinaigre pour éviter que le sang ne coagule. Lorsque la lamproie s'est vidée (il ne faut pas hésiter à la masser pour qu'elle soit parfaitement saignée), plongez-la dans l'eau bouillante pendant 30 secondes. Raclez immédiatement le limon qui recouvre la peau avec une cuiller. Nettoyez-la soigneusement, lavez-la puis videz-la.

La chair de la lamproie est plus grasse mais réputée plus fine que celle de l'anguille. Elle est en outre dépourvue d'arêtes… Toutes les préparations qui conviennent à l'anguille peuvent lui être appliquées, mais en France la plus célèbre est certainement celle dite à la bordelaise, qui est un civet (donc avec une sauce au vin liée au sang du poisson) aromatisé aux poireaux. Au siècle dernier, on la servait également très souvent à l'angevine, ce qui n'est pas très différent, si ce n'est que l'on ajoute à la sauce différents fruits secs (pruneaux, raisins secs et poires tapées – une spécialité de la Loire). Mais cette façon de faire semble aujourd'hui un peu tombée en désuétude.

Dans votre estomac

La lamproie est assez nourrissante puisqu'elle contient plus de 20 % de protéines, mais assez grasse et réputée peu digestible, à cause de son accompagnement (pour 100 g : protéines, 21 g ; lipides, 18 g ; 252 calories).

Dans votre garde-manger

Il faut disposer d'un endroit frais où suspendre les lamproies pour les vider de leur sang.

LA LAMPROIE

LAMPROIE RÔTIE AU RIZ

La lamproie n'est pas seulement appréciée à Bordeaux : la preuve en est cette recette traditionnelle portugaise à laquelle la marinade au madère confère un fumet tout à fait intéressant.

Pour 4 personnes :
1 lamproie • 50 g de beurre
1 c. à s. d'huile • 1 c. à s. de vinaigre • 1 oignon
1 gousse d'ail • 1 bouquet garni • 3 dl de
madère • 1 dl de fine • 3 dl de bouillon
de volaille 300 g de riz

Temps de réalisation :
1 h la veille, un peu moins de 1 h
le jour même, dont 40 min d'exécution

Vins :
un rosé du Portugal, provenant
des environs de Lisbonne, de la région
de Coimbra (un Bucaço)

À vos fourneaux

1 La veille, préparez et videz la lamproie ; découpez-la en 8 morceaux, que vous mettrez dans un plat creux. Versez dessus le madère et la fine, ajoutez le bouquet garni et laissez mariner une nuit, au frais.

2 Le jour même : préchauffez le four à 180 °C (th. 6). Égouttez les morceaux de lamproie, beurrez-les, posez-les dans un grand plat allant au four légèrement huilé et faites-les rôtir pendant 40 min (arrosez deux fois en cours de cuisson avec la graisse du fond du plat, à laquelle vous pouvez ajouter 1 ou 2 cuillerées d'eau).

3 Pendant ce temps, épluchez et hachez l'oignon et l'ail. Récupérez 2 ou 3 cuillerées de graisse de cuisson de la lamproie et mettez-les dans une casserole. Faites-y revenir l'ail et l'oignon. Mouillez avec la marinade puis avec le bouillon et laissez cuire 15 min. Lavez soigneusement le riz à deux eaux successives puis ajoutez-le au mélange et faites cuire 20 min. À la dernière minute, liez le riz avec le sang de la lamproie et servez rapidement avec celle-ci.

LA PÊCHE D'ESTUAIRE

LAMPROIE À LA BORDELAISE

Pour 4 personnes :
1 lamproie de 1 kg
150 g de lardons
5 poireaux
250 g de champignons
de Paris
200 g de petits oignons
1 bouteille de saint-émilion
1/2 dl de vinaigre de vin
30 g de farine
20 g de sucre
50 g de beurre
1 bouquet garni

Temps de réalisation :
environ 2 h 30 min,
dont un peu plus de 1 h
d'exécution

Vins :
un saint-émilion,
pour s'accorder
avec celui de la sauce
(un Château Meylet)

Grand classique de la cuisine d'hiver de Guyenne (c'est en effet la période à laquelle ce poisson, qui remonte les rivières pour frayer, est pêché), la lamproie préparée à la bordelaise est un civet : la sauce au vin rouge est liée avec le sang du poisson (que l'on vinaigre légèrement pour qu'il ne coagule pas). Ce plat est connu depuis la première moitié du siècle dernier semble-t-il. Les poireaux lui apportent une saveur tout à fait particulière (traditionnellement, on la réalisait avec des poireaux de vigne, sauvages). La sauce, avec sa cuisson longue et sa liaison au sang, réclame un vin assez charnu et chaleureux : on choisira donc de préférence un saint-émilion, auquel le cépage merlot donne la rondeur nécessaire.

LA LAMPROIE

 À vos fourneaux

1 Préparez et videz la lamproie ; coupez-la en 8 tronçons.

2 Dans une casserole, portez le vin à ébullition, ajoutez-lui le bouquet garni et le sucre. Couvrez, éteignez le feu et laissez infuser. Nettoyez soigneusement et lavez poireaux et champignons. Épluchez les petits oignons. Dans une cocotte, avec le beurre, faites revenir les lardons puis ajoutez les petits oignons, les poireaux et les champignons. Remuez bien à la cuiller en bois et saupoudrez avec la farine. Laissez cuire 3 ou 4 min puis mouillez avec l'infusion de vin versée à travers une passoire. Couvrez et laissez mijoter pendant 45 min. Après ce laps de temps, ajoutez les morceaux de lamproie et laissez cuire encore 45 min.

3 Faites la liaison au sang : dans le bol qui le contient, versez un peu de sauce au vin, chaude, en mélangeant bien au fouet. Ajouter encore de la sauce chaude, par petites quantités, jusqu'à ce que le volume ait doublé. Versez alors le mélange dans la cocotte : il ne risque plus de « tourner ». Servez très chaud accompagné de croûtons frottés d'ail.

LA PÊCHE D'ESTUAIRE

LES PIBALES

Dans votre cabas

Civelles dans la région de Loire, pibales en Gascogne, *sarieta* au Pays Basque et *angulas* en Espagne, ces alevins d'anguille, malgré leur petite taille (6 à 9 centimètres de longueur et 2 millimètres de diamètre, il en faut environ 2000 pour faire 1 kilo), ont trois ans quand ils arrivent à l'embouchure des estuaires des fleuves européens. Ils sont devenus un mets de grand luxe. Autrefois, la consommation était, en France, essentiellement locale. Et encore, cela est surtout vrai pour la région nantaise, où les civelles sont appréciées au moins depuis la Renaissance, il semble en effet qu'au Pays basque français l'engouement dont les pibales font aujourd'hui l'objet soit assez récent : entre les deux guerres et jusque dans les années 50, la totalité de la pêche, ou presque, était vendue aux Espagnols, qui, eux, en sont friands depuis toujours.

La pêche se pratique selon différentes méthodes, ce qui permet d'étaler sa période de la mi-novembre à la mi-mars (avec possibilités de dérogations jusqu'au 15 avril), et, vu les prix élevés qu'elles atteignent sur les marchés, nombre de pêcheurs amateurs n'hésitent pas à se livrer à cette activité rémunératrice pour arrondir leurs fins de mois.

Dans votre assiette

Dans la région bordelaise, on tuait traditionnellement les pibales en les arrosant d'une infusion de tabac (qui arrivait sans doute de Dordogne, toute proche). Le plus souvent, on les étouffe dans le gros sel. Mais quelle que soit la méthode, il faut très soigneusement les laver (on disait autrefois qu'il fallait « treize eaux différentes » et certains en utilisent une légèrement vinaigrée) pour éliminer la substance mucilagineuse qui les enveloppe.

Au nord, on les fait frire ou pocher à l'huile ou à l'eau et on les mange en vinaigrette, avec des herbes ou de la moutarde. Autrefois, à Nantes, on vendait des « pains de civelles », sortes de petits pâtés constitués de civelles cuites à l'eau et pressées. Au sud, on les fait plutôt sauter à l'huile d'olive avec de l'ail et quelquefois du piment (au Pays basque et en Espagne). On en fait également des omelettes.

Dans votre garde-manger

Vu leur statut de produit de grand luxe, mieux vaut manger civelles ou pibales immédiatement. Si vous les faites pocher à l'eau, vous pouvez les conserver un jour au réfrigérateur, sous un film pour éviter qu'elles ne se dessèchent.

LES PIBALES

RÉMOULADE DE CIVELLES

Pour 4 personnes :
1 kg de civelles
1 poignée de gros sel
3 c.à s. de mayonnaise bien moutardée
1 c. à s. de vinaigre
2 c. à s. de ciboulette ciselée
sel et poivre

Temps de réalisation :
20 min 2 h à l'avance

Vins :
un muscadet, le vin parfait pour ces plats de mer simples et sans histoire, mais bien fait (notre préféré, celui de Serge Batard)

La consommation des civelles semble très ancienne dans la région de l'embouchure de la Loire puisqu'elles paraissaient déjà sur les tables des banquets à la fin du XVe siècle... Traditionnellement, à l'embouchure de la Loire, ou à celle de la Vilaine, on mange les civelles cuites à l'eau et assaisonnées d'une simple vinaigrette moutardée (autrefois, à Nantes, on vendait des « pains de civelles » : celles-ci, cuites de cette façon, étaient ensuite mises sous presse dans des moules spéciaux et on les servait en tranches, assaisonnées d'huile et de vinaigre). Cette recette est une adaptation à laquelle la mayonnaise donne une touche un peu plus "chic" et du liant, mais il faut qu'elle soit impérativement bien relevée de moutarde et de vinaigre. La ciboulette apporte plus de « piquant » que le persil.

À vos fourneaux

1 Saupoudrez les civelles vivantes d'une poignée de gros sel, puis attendez 2 h. Lavez-les alors très soigneusement pour éliminer le sel, bien sûr, mais aussi le sable et les petites saletés. L'eau doit être bien claire et les civelles doivent avoir perdu tout gluant.

2 Faites bouillir une grande marmite d'eau salée et plongez-y les civelles. Dès qu'elles remontent à la surface, égouttez-les et rafraîchissez-les immédiatement dans une marmite d'eau glacée. Égouttez-les à nouveau.

3 Mélangez la mayonnaise et le vinaigre, ajoutez les civelles puis assaisonnez. Dressez en saladier puis parsemez de ciboulette.

LA PÊCHE D'ESTUAIRE

Pibales de l'Adour

Pour 4 personnes :
1 kg de pibales
huile d'olive
2 piments d'Espelette
2 gousses d'ail
1 bouquet de persil
1 poignée de gros sel
sel et poivre du moulin

Temps de réalisation :
20-25 min plus quelques minutes 2 h à l'avance

Vins :
un jurançon sec,
pour ses saveurs épicées
(Domaine Cauhapé)

Curieusement, la tradition des pibales n'est pas si ancienne au Pays basque, alors qu'elle fait aujourd'hui beaucoup parler d'elle...
Dans les années 30, on les vendait encore aux Espagnols (qui, eux, en raffolent depuis toujours), et il semble bien que ce soit sous leur influence que les Basques côté français aient développé leur consommation. Quoi qu'il en soit, qu'on les appelle pibales du côté français, ou angulas *du côté espagnol, la spécificité de la préparation basque tient à l'utilisation de l'ail et du piment. Contrairement à l'Espagne, qui, depuis fort longtemps, a beaucoup utilisé ce dernier dans sa cuisine – ce sont d'ailleurs les Espagnols qui en ramenèrent d'Amérique centrale au XVIe siècle toutes les variétés et les introduisirent en Europe –, en France, on ne connaît pas depuis longtemps le piment, sauf justement dans le Pays basque, le Béarn et les Landes : piment doux pour celles-ci et, pour ceux-là, piment fort d'Espelette, que l'on fait toujours sécher sur les façades blanches des maisons, enfilés sur des cordes.*

LES PIBALES

À vos fourneaux

1 Saupoudrez les pibales vivantes d'une poignée de gros sel et attendez 2 h. Après ce laps de temps, lavez-les soigneusement pour éliminer le sel, bien sûr, mais aussi le sable et toutes les petites impuretés. Faites-le à plusieurs eaux : l'eau doit rester bien claire et les pibales doivent avoir perdu tout gluant. Égouttez-les alors et étalez-les sur un torchon pour les éponger avec soin.

2 Ouvrez les piments, retirez-en les graines et coupez-les en petits morceaux. Effeuillez et ciselez le persil. Épluchez et hachez l'ail finement.

3 Faites chauffer l'huile d'olive dans une grande poêle avec les morceaux de piments. Quand l'huile est bien chaude, ajoutez les pibales, assaisonnez, puis parsemez-les d'ail haché. Faites bien sauter les pibales en les faisant tourner dans la poêle (la cuisson dure à peine 5 min). Parsemez du persil ciselé et servez immédiatement dans un plat bien chaud.

LE SAUMON

Dans votre cabas

Sur toute la côte et dans les fleuves qui se jettent dans l'océan atlantique, le saumon sauvage est devenu une rareté. Sauf peut-être en Irlande. Le goût du saumon provenant de l'aquaculture n'a rien à voir avec celui du saumon sauvage…

De gros efforts sont faits pour tenter de repeupler les rivières françaises, avec plus ou moins de succès. La pêche dans l'Adour est autorisée de début mai à fin juillet ; dans la Loire, de février à juin-juillet selon les années.

Les saumons naissent en eau douce, souvent très en amont des rivières, et reviennent frayer là où ils sont nés. Ils gagnent ensuite la mer, où ils attendront leur maturité sexuelle pour revenir. Ce retour peut s'effectuer plus ou moins tôt : plus ils sont jeunes, plus ils remontent tard dans la saison. Le madeleineau, qui n'a qu'un an et mesure un peu plus de 50 centimètres, n'apparaît qu'au tout début de l'été ; le saumon de printemps, de deux ans et long de 70-80 centimètres, arrive entre mars et mai ; le grand saumon d'hiver a un an et 20-25 centimètres de plus. Au-delà, ce sont des bêtes mythiques qui ne sont pas mangeables de toute façon.

Le saumon se vend, lorsqu'il est frais, en tranches (appelées darnes) ou entier, mais on le trouve également fumé, ce qui est une préparation traditionnelle.

Dans votre assiette

Devenu de plus en plus rare depuis le siècle dernier, le saumon sauvage a acquis un statut de produit de luxe, aussi la grande cuisine traditionnelle abonde en recettes. D'autant plus qu'assez volumineux et de chair plutôt grasse, il se prête à tous les modes de cuisson : court-bouillon, rôti à la broche, braisé entier ou en tronçons, grillé en darnes, poêlé, mais gare aux cuissons excessives. La cuisine moderne le cuit à l'unilatérale (le morceau, un peu épais, n'est cuit que d'un seul côté) ou des préparations crues ou marinées, inspirées de cuisines exotiques, japonaises ou scandinaves. On peut donc dire que le saumon est bon garçon, encore faut-il trouver un bon saumon !

Dans votre estomac

Il existe de très nombreuses variétés de saumons. Selon les espèces, la chair sera plus ou moins grasse et de plus ou moins bonne tenue (pour 100 g de saumon de l'Atlantique : protéines, 20 g ; lipides, 6 g ; 142 calories).

Dans votre garde-manger

Le saumon peut se conserver, s'il est entier un ou deux jours au réfrigérateur.

LE SAUMON

SOUPE DE SAUMON AUX ORTIES

*Les orties, à la saveur légèrement mentholée et délicieuse,
se ramassent au printemps, lorsque les feuilles sont tendres. Mais on peut très
bien les congeler ou même en acheter en conserve, au naturel!*

Pour 4 personnes
250 g de saumon • 50 g d'orties • 1 branche de citronnelle (mélisse) • quelques toutes petites feuilles de menthe • 150 g de beurre • huile d'olive • sel et poivre

court-bouillon :
250 g d'oignons • 100 g d'échalotes • 300 g de fenouil • 1 bouquet garni • 100 g de poireaux 3 gousses d'ail • 2 pointes d'anis étoilé
10 g de poivre noir • 5 dl de vin blanc • 5 l d'eau 2 dl de vinaigre d'alcool • 100 g de gros sel

Temps de réalisation :
moins de 1 h, dont 45 min d'exécution

Vins :
un xérès fino (fino victoria de Bobadilla) : c'est un vin qui s'accorde bien avec les potages et les verdures

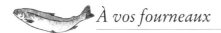 *À vos fourneaux*

1 Préparez tous les légumes du court-bouillon : nettoyez-les, lavez-les soigneusement, épluchez ceux qui doivent l'être. Mettez-les tous ainsi que les épices et les aromates dans une marmite, ajoutez l'eau et faites cuire 20 min à petit bouillon. Ajoutez alors le vin blanc et le vinaigre, redonnez 5 min d'ébullition et passez à la passoire fine.

2 Taillez le saumon en dés, assaisonnez-le de sel, de poivre et d'huile d'olive, puis mettez les dés au fond d'une soupière.

3 Choisissez dans un bouquet de menthe quelques toutes petites feuilles prises à l'extrémité des tiges et réservez. Faites blanchir les feuilles d'ortie quelques secondes à l'eau bouillante, égouttez-les et pressez-les pour en éliminer toute l'eau. Effeuillez la branche de citronnelle. Filtrez 1 litre de court-bouillon dans une casserole, portez à ébullition, ajoutez les feuilles d'ortie et de citronnelle puis le beurre. Passez-le au mixeur puis versez-le bouillant à travers un chinois dans la soupière, sur les dés de saumon. Parsemez le dessus de la soupe des petites feuilles de menthe.

Salade de saumon au blé noir

Pour 4 personnes :
4 parts de saumon de 100 g
4 galettes de blé noir
2 c. à s. de vinaigrette
10 brins de ciboulette
quelques brins de persil

Temps de réalisation :
environ 15 min

Vins :
un savennières
(Nicolas Joly)

Même remarque que pour l'alose : la chair du saumon est assez grasse pour être poêlée à sec. Mais il est très important de le laisser reposer : après ce traitement de choc, cela permet de rendre la cuisson uniforme, le jus qui s'était concentré au centre du filet reflue vers la périphérie. Recette très simple mais très goûteuse !

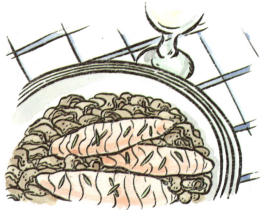

 À vos fourneaux

1 Poêlez à sec les filets de saumon dans une poêle anti-adhésive, 2 min sur chaque face plus 1 min sur les côtés, puis laissez-les reposer entre deux assiettes creuses.

2 Ciselez la ciboulette, effeuillez le persil. Roulez sur elles-mêmes les galettes de blé noir et coupez-les en lanières de façon à obtenir des tagliatelles. Assaisonnez-les de vinaigrette.

3 Répartissez les tagliatelles de sarrasin dans 4 assiettes, posez dessus les filets de saumon et parsemez de ciboulette et de persil ciselé.

CULTIVATEUR DE SAUMON, MACÉRATION D'HERBES POTAGÈRES

*Un vieux classique de l'*Auberge bretonne*: tout y est... l'alliance liquide-solide, l'opposition chaud-froid. L'acidité des herbes (celle de l'oseille) et celle encore de la tomate vient équilibrer le gras du saumon.*

Pour 4 personnes :
4 filets de saumon 100 g

potage « cultivateur » :
1 l d'eau • 50 g de céleri en branches
70 g de carottes • 25 g de haricots verts
100 g de poireaux • 50 g de petits pois écossés
50 g de beurre • sel de Guérande

macération d'herbes potagères :
1 tomate • 1 bouquet de ciboulette • 10 feuilles d'oseille • 1 branche d'aneth huile de pépins de raisin • sel et poivre

Temps de réalisation :
moins de 1 h

Vins :
un anjou blanc (celui de Mark Angeli)

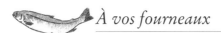 *À vos fourneaux*

1 Nettoyez, lavez, épluchez tous les légumes du potage et taillez-les « en paysanne », c'est-à-dire en grosse julienne et réservez-les séparément. Dans une marmite, faites fondre le beurre et mettez-y à suer les poireaux. Ajoutez le céleri et les carottes, mouillez avec 1 litre d'eau et laissez cuire 20 min. Salez, puis ajoutez les légumes restants et laissez cuire encore 10 min.

2 Préparez la macération d'herbes : mondez, épépinez et coupez en petits dés la tomate ; ciselez la ciboulette, effeuillez l'aneth lavez soigneusement et ciselez finement l'oseille, ajoutez-la aux tomates ainsi que les autres herbes. Assaisonnez, ajoutez l'huile de pépins de raisin et mélangez soigneusement.

3 Enveloppez les filets de saumon dans du film alimentaire et disposez-les dans le panier d'un cuit-vapeur. Faites-les cuire 6 min.

4 Dans des assiettes creuses, versez une louche de potage cultivateur, posez dans chacune, au milieu, un filet de saumon et mettez sur chacun 1 cuillerée de macération.

LA PÊCHE AU NOBLE

UN PEU D'HISTOIRE

Ces espèces, aujourd'hui très convoitées, ont été diversement appréciées au fil du temps… Certaines – le bar, la sole, le turbot – sont tenues en grande estime depuis l'Antiquité, sans avoir connu un seul moment de défaveur, semble-t-il. D'autres sont appréciées depuis moins longtemps: le saint-pierre fait son apparition dans les livres de cuisine de la moitié du XIXe siècle, la daurade plus tardivement encore, au tournant du siècle, mais on sait qu'elle était déjà servie chez les Grecs et les Romains. Bien que différents, tous ces poissons ont en commun une chair très nette, d'une extrême blancheur, d'une belle fermeté (quoique chacun différemment) et qui fut longtemps réputée particulièrement digestible. Ajoutons que tous allient à ces qualités une très grande finesse de goût. On comprend également que bars et turbots aient remporté tous les suffrages: ils ont une taille les autorisant à paraître sur les plus grandes tables et y faire belle figure dans des présentations compliquées. La sole, quant à elle, a toujours impressionné par la qualité de sa chair, fine et très dense, qui lui permettait d'accepter toutes sortes d'apprêts et lui a valu le surnom de perdrix de mer.

Est-ce parce qu'ils étaient très recherchés? Est-ce parce qu'ils s'y prêtaient mieux que d'autres? Ces poissons sont devenus, avec les truites et le saumon, certaines des espèces phares de l'élevage… Et sont passés rapidement du statut de produits de luxe à celui de produits de «relativement» grande consommation. Avec tout ce que cela peut comporter de la part de commerçants plus ou moins indélicats: il n'est pas trop difficile de faire passer un poisson tout droit sorti d'une ferme aquacole pour un autre, arraché des flots par l'art d'un pêcheur chevronné. Avec les différences, considérables, de prix que cela implique, bien évidemment. Il convient donc

LA PÊCHE AU NOBLE

d'être circonspect lorsqu'on fait son marché et de s'enquérir auprès de son fournisseur de la provenance des produits. Car la diversité est grande ! Il n'y a pas réellement de commune mesure entre un bar d'élevage, nourri à la farine de poisson, et un bar qui a chassé dans les brisants. Et ce qui est vrai pour ce poisson chasseur l'est aussi pour ceux qui, plus paresseux, comme le turbot ou le saint-pierre, s'embusquent pour attendre leurs proies.

C'est pour ces poissons particulièrement « nobles » que l'art du pêcheur fait la différence. Il doit tout d'abord avoir choisi l'espèce à laquelle il se voue… Ou tout au moins la famille de poissons qu'il recherche et donc le type de pêche que cela implique, de jour ou de nuit, avec quelles sortes de lignes ou de filets. Il est quasiment impossible de vouloir se consacrer à une multitude de variétés : matériels utilisés, lieux de pêche sont par trop différents. L'exigence de qualité fait donc que l'on se spécialise, et c'est souvent en fonction de la zone que l'on exploitera : alors, on connaît parfaitement les habitudes et les réactions du poisson selon la saison, la météo, la marée. On sait comment l'approcher et on apprend aussi à le respecter, ne serait-ce que par intérêt bien compris : il serait dommage de détruire son gagne-pain.

LE POINT DE VUE DU CHEF

Bien sûr, l'écart de prix est plutôt sensible entre ces poissons, d'élevage ou pêchés par de petits bateaux, cependant lorsque l'effort pécuniaire est possible, il n'y a pas à hésiter. Il n'y a d'ailleurs jamais à hésiter question gourmandise : mieux vaut choisir un poisson de bonne provenance mais d'une espèce moins recherchée, et qui, par conséquent, se vendra moins cher, plutôt qu'un autre de qualité inférieure… Le véritable plaisir sera à tous les coups beaucoup plus grand. La différence de qualité se paye d'une façon ou d'une autre. Mais lorsqu'on a choisi d'acheter un bar de ligne, une sole ou un turbot de petit bateau, il serait particulièrement dommage de massacrer ces produits d'exception. Tout produit mérite tous les égards mais on y sera spécialement attentif dans ce cas : choisissez le mode de préparation le plus adapté… préférez les apprêts les plus simples pour mettre davantage en valeur le poisson… et surtout surveillez les cuissons… Que ce plat devienne véritablement une fête (réussie).

LA PÊCHE AU NOBLE

LE BAR

Dans votre cabas

C'est un poisson qui vit dans des eaux agitées, les brisants sur les rochers, les rouleaux le long des plages, car il a besoin de beaucoup d'oxygène. Il a le corps ferme et argenté avec des reflets bleus. Il existe plusieurs sortes de bars, ce qui n'a rien à voir avec la multiplicité de ses noms (loup en Méditerranée, loubine dans le golfe de Gascogne, drenek en Bretagne) : bars sauvages, pêchés à la ligne ou au chalut, et bars d'élevage. Leur goût n'a rien à voir : le bar d'élevage a sans doute une vie trop régulière pour un poisson « sportif ». Mais il existe également de grandes différences entre ceux qui sont pêchés à la ligne ou au chalut… Dans un chalut, le bar s'étouffe et se noie rapidement tandis que capturé à la ligne, il reste vivant et, en cherchant à s'échapper, dégurgite le contenu de son estomac et se vide. Ce qui évite de le faire sur le bateau et donne des poissons qui se conservent beaucoup mieux et restent bien fermes.

Même sauvage, c'est un poisson disponible toute l'année. Bien entendu, il y a de grandes variations de prix entre bar d'élevage et bar de ligne (ou de petit bateau, comme on les appelle souvent), justifiées par l'énorme différence de qualité : si le prix du premier reste stable, il n'en est pas de même pour celui du second, ou celui du poisson pêché au chalut, totalement tributaire des aléas de la pêche.

Dans votre assiette

La peau est couverte de larges écailles qu'on lui laissera chaque fois que cela est possible (le poisson est poché ou cuit en croûte de sel, c'est excellent pour le goût).
Le bar peut être poché, grillé, rôti, au plat, en papillote ou en croûte de sel… On n'a que l'embarras du choix. Simplement, évitez de le flamber ! Ni au pastis, ni à quoique ce soit… (Un beau bar de ligne se suffit à lui-même et aux apprêts les plus simples le plus souvent.) Et, prenez garde à la surcuisson. Si vous le faites griller, ciselez le poisson en lui faisant quelques entailles légères sur le dos pour éviter que la chair n'éclate.

Dans votre estomac

La chair du bar est maigre (surtout pour les spécimens sauvages : ceux d'élevage le sont moins), peu calorique et riche en vitamines B1 et PP, en phosphore, en magnésium, en potassium (pour 100 g : protéines, 18 g ; lipides, 2,3 g ; 91 calories).

Dans votre garde-manger

En cas de certitude absolue quant à sa date de pêche, un bar sauvage sera toujours meilleur légèrement rassis : il est préférable d'attendre 24 heures après celle-ci pour le préparer.

Bar aux cèpes

Un hommage au Bordelais qui associe la « loubine », comme on appelle le bar dans le golfe de Gascogne, à un produit qui fait la fierté de la région, le cèpe. Cette association n'est surprenante qu'au premier abord car terre et mer se marient agréablement, en particulier sur le plan des textures...

Pour 4 personnes :
1 bar d'environ 2 kg • 2 gousses d'ail • 1 bouquet de persil • 500 g de tomates • 250 g de petites échalotes • 1 dl de vin blanc • 5 cl d'huile d'olive • 50 g de beurre • 1 kg de cèpes • fleur de sel et poivre

Temps de réalisation :
moins de 1 h, dont 45 min d'exécution

Vins :
le bourgogne blanc de Jean-Michel Lorain

 *À vos fourneaux*

1 Nettoyez, écaillez et videz le bar (ou demandez à votre poissonnier de le faire). Préchauffez le four à 180 °C (th. 6).

2 Posez le poisson dans un grand plat en terre légèrement huilé. Assaisonnez-le de sel et de poivre. Épluchez les échalotes, coupez les tomates en tranches et disposez-les dans le plat, autour du poisson. Arrosez avec le vin blanc puis mettez au four pour 30 min.

3 Nettoyez les cèpes : ôtez le bout terreux des queues et épluchez-les ; essuyez les chapeaux avec un linge humide ou passez-les rapidement sous un filet d'eau ; retirez les tubes verts sous le chapeau s'ils sont trop mous. Émincez-les. Épluchez l'ail, effeuillez le persil, hachez l'un et l'autre. Poêlez les cèpes dans le mélange d'huile et de beurre et, quand ils sont dorés, ajoutez l'ail et le persil.

4 Après les 30 min de cuisson du poisson, entourez-le des champignons et enfournez à nouveau pour 15 min. Rectifiez l'assaisonnement à la fleur de sel et servez dans le plat de cuisson.

BAR À LA GUINESS

Pour 4 personnes :
1 bar de 1 kilo
1 dl de bière guiness
1 dl d'eau
1 petite tomate
100 g de beurre
50 g de pain d'épice
sel et poivre

Temps de réalisation :
30 min, dont 20 min d'exécution

Vins :
une bière brune
(et pourquoi pas une guiness ?)

Cette recette n'est pas une recette traditionnelle irlandaise mais c'est un véritable hommage à la mer et à la bière. Le pain d'épice de la sauce vient renforcer les arômes caramélisés et chauds de la guiness. Les filets doivent être poêlés à feu bien vif afin qu'ils se colorent très rapidement : comme cela, il se forme à la surface une couche protectrice qui leur évite de se dessécher et leur permet ainsi de rester bien moelleux lors de la cuisson au four (malgré tout, il vaut mieux être attentif et ne pas les y laisser trop longtemps... tous les poissons sont fragiles).
Vous pouvez parsemer les filets de très fines tranches de radis : d'abord c'est très joli, et puis les radis apportent une note délicatement poivrée qui met bien en valeur le poisson et offre un contrepoint très intéressant à la saveur douce-amère de la sauce à la bière et au pain d'épice...

LE BAR

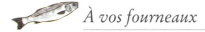 *À vos fourneaux*

1 Videz, écaillez le bar et levez les filets (ou demandez à votre poissonnier de le faire). Coupez chaque filet en deux afin d'obtenir 4 jolies parts et réservez-les sous un film. Préchauffez le four à 250 °C (th. 9).

2 Versez l'eau et la guiness dans une casserole, ajoutez la petite tomate coupée en quatre. Portez à ébullition et laissez frémir 10 min environ à tout petit feu. Mettez le beurre et le pain d'épice dans le bol du mixeur, ajoutez le contenu de la casserole et faites tourner. Mixez soigneusement puis passez la sauce au chinois. Rectifiez l'assaisonnement, réchauffez et tenez au chaud.

3 Poêlez vivement les filets de bar dans une poêle anti-adhésive à peine graissée, pas plus de 30 s par face, juste pour les saisir. Débarrassez les filets dans un plat à feu et enfournez-les, pour terminer leur cuisson, pendant 8 min. Répartissez la sauce chaude dans le fond des assiettes et posez les filets dessus.

LA PÊCHE AU NOBLE

LA DAURADE ROYALE

Dans votre cabas

Il existe plusieurs sortes de daurades : la grise, la rose et la royale. Cette dernière, plus savoureuse, fait l'objet d'un élevage. La daurade grise est la plus commune et celle dont la chair est la moins intéressante. La rose, ou pageot, est en fait dorée avec des reflets brun rougeâtre et des nageoires roses avec une tache foncée au dessus des ouïes. Sa chair, plus fine, peut être sèche. La daurade royale est argentée avec un croissant doré sur le front. Sa chair est de très loin la plus fine et la plus moelleuse.

La daurade royale, ou vraie daurade, mesure entre 20 et 50 centimètres et peut atteindre 3 kilos, mais elle produit 50 % de déchets. De nouvelles méthodes de pêche ont bien failli la faire disparaître au cours des années 70 et 80. Mais une réglementation très stricte a permis aux bancs de se reconstituer.

Comme pour le bar, il n'y a évidemment pas de commune mesure de prix entre une daurade sauvage et une daurade d'élevage.

Dans votre assiette

La chair de la daurade royale est bien blanche et a une texture très fine et serrée. Cuite à point, elle reste parfaitement moelleuse.

Sa forme la dispose à être farcie : il faut alors vider le poisson par les ouïes et retirer par le dos l'arête centrale (qui tient peu à la chair et s'ôte facilement). On peut alors le farcir puis le refermer avec du fil. Mais il existe bien d'autres façons de l'accommoder… Le fait que l'arête centrale se retire sans peine permet de lever aisément les filets, que l'on peut alors poêler ou cuire au four. Cette méthode peut aussi servir lorsque la daurade est entière, à moins que l'on ne choisisse de la faire griller ou braiser. Ou de la cuire en croûte de sel, ce qui est un grand classique (les Espagnols en sont particulièrement friands). Très fraîche, elle peut être consommée crue, à la japonaise *(sashimis)*.

La chair de la daurade est fragile et réclame une chaleur douce : évitez les coups de feu, les fours trop chauds, les braises trop ardentes !

Dans votre estomac

La chair de la daurade royale est extrêmement maigre (particulièrement lorsqu'elle provient des petits bateaux). Elle est riche en fer, en calcium, en magnésium, en vitamines du groupe B – B1, B2 et PP (pour 100 g : protéines, 16 g ; lipides, 0,5 g ; 73 calories).

LA DAURADE ROYALE

Daurade en croûte de sel

Pour 4 personnes :
1 daurade de 800 g
1 kg de sel gris de Guérande
4 blancs d'œuf
6 échalotes grises
1/2 verre de vinaigre de cidre
1/2 verre de muscadet
500 g de beurre demi-sel
sel et poivre

Temps de réalisation :
au moins 45 min, dont plus de 30 min d'exécution

Vins :
un anjou blanc
(le saint-aubin de
J.-C. Bachelet)

Les Espagnols sont très friands de ce mode de cuisson, toujours très spectaculaire : on n'arrive pas à croire que le plat ne sera pas trop salé. Et il le sera pourtant, assaisonné à point et d'un moelleux parfait. L'intérêt d'utiliser un mélange de sel et de blanc d'œuf est que la couche de sel a une tenue suffisante et est très régulière, ce qui permet une cuisson uniforme. Ici, la recette pourrait venir de Batz ou de Guérande avec sa sauce du genre beurre-blanc, typique de l'embouchure de la Loire (et des environs) et dont la saveur acidulée et l'onctuosité accompagnent merveilleusement le poisson.

À vos fourneaux

1 Videz et écaillez le poisson (ou demandez à votre poissonnier de le faire). Préchauffez le four à 200 °C (th. 7). Mélangez soigneusement le sel et les blancs d'œuf et tapissez le fond d'un plat à gratin assez grand pour contenir largement la daurade et le mélange. Posez le poisson dessus et recouvrez-le avec le reste du mélange. Mettez au four et laissez cuire pendant 35 min.

2 Pendant ce temps, épluchez et ciselez finement les échalotes. Mettez-les dans une casserole à fond épais avec le vinaigre et le vin et faites doucement réduire des deux tiers. À feu très doux ajoutez alors le beurre bien froid par petits fragments en remuant sans cesse avec un petit fouet pour obtenir une sauce crémeuse (le mieux est de le faire au bain-marie : quand la sauce est prête, vous pouvez ainsi la tenir au chaud).

3 Lorsqu'elle est cuite, sortez la daurade du four, brisez la partie supérieure de la croûte et servez avec la sauce en saucière.

DAURADE BOHÉMIENNE

Recette d'inspiration galicienne : on y retrouve l'alliance terre-mer chère à la cuisine ibérique, mais aussi des saveurs « mauresques » grâce à l'alliance citron-cumin.

Pour 4 personnes :
1 daurade de 1,5 kg • 100 g de poitrine de porc salée • 50 g de beurre mou + 20 g pour la daurade 1 citron • 1 gousse d'ail • 1 c. à c. de graines de cumin • 1 bouquet de ciboulette • 1 bouquet de persil • 6 belles pommes de terre 6 oignons nouveaux • 1 dl d'eau • sel et poivredu moulin • noix de muscade

Temps de réalisation :
1 h, dont 35 min d'exécution

Vins :
un blanc d'Espagne, de la Rioja (Marquès de Riscal)

*À vos fourneaux*

1 Écaillez, videz, lavez la daurade (si vous avez demandé au poissonnier de la vider, lavez-la tout de même). Épongez-la.

2 Zestez le citron et taillez l'écorce en fine brunoise (tout petits dés). Pilez les graines de cumin. Effeuillez le persil, épluchez l'ail, et hachez-les ainsi que la ciboulette. Passez au hachoir à grille fine la poitrine de porc rincée à l'eau froide. Mélangez tous ces ingrédients (poitrine de porc, brunoise de citron, cumin pilé, ail, persil, ciboulette hachés) dans un bol avec le beurre en pommade. Assaisonnez de sel (attention, le porc est déjà salé), de poivre et de noix de muscade. Tartinez le dessus de la daurade avec ce mélange et s'il en reste, glissez-le à l'intérieur. Réservez. Préchauffez le four à 180 °C (th. 6).

3 Épluchez, lavez et taillez les pommes de terre en rouelles de 5 mm d'épaisseur. Épluchez et émincez les oignons. Faites fondre le beurre dans une cocotte suffisamment grande pour contenir le poisson, mettez-y à revenir doucement les oignons puis ajoutez les pommes de terre. Mouillez avec 1 dl d'eau. Posez la daurade sur le lit de légumes. Couvrez et glissez au four 15 min puis, après ce laps de temps, retirez le couvercle et laissez cuire encore 10 min. Servez dans la cocotte alors sans attendre.

LA DAURADE ROYALE

DAURADE
AUX COURGETTES ET AUX NOIX

*Une marinade typique de l'Auberge bretonne, fraîche et iodée
(menthe, roquette et coques), mais avec des senteurs de terre (noix et huile),
et dont les parfums sont exaltés par la chaleur.*

Pour 4 personnes :
2 filets de daurade de 250 g • 500 g de coques
50 g de cerneaux de noix • 5 cl d'huile de noix
4 courgettes • 5 cl de vin blanc • 1 c. à c. de
cumin en poudre • 1 petit bouquet de menthe
1 pomme fruit • 1 bouquet de feuilles de roquette
sel et poivre • 1 filet d'huile d'arachide

Temps de réalisation :
un peu plus de 30 min, dont 20 min d'exécution.

Vins :
un vin blanc du Jura, issu du cépage savagnin,
pour ses arômes de noix (celui de Pierre Overnoy,
parfaitement typé)

À vos fourneaux

1 Mettez les coques à tremper dans l'eau salée 1 ou 2 h à l'avance, puis rincez-les à plusieurs eaux. Lavez les courgettes. Faites ouvrir les coques à feu vif dans une petite marmite avec le vin blanc. Préchauffez le four à 180 °C (th. 6).

2 Émincez les courgettes. Prenez un plat allant au four et disposez les courgettes au fond du plat en laissant un espace vide au centre. Épluchez la pomme, ôtez-lui le cœur et les pépins, taillez-la en cubes d'environ 2 cm de côté, assaisonnez-les de cumin. Mettez-les au centre du plat. Versez un filet d'huile d'arachide sur les courgettes et la pomme. Mettez au four pendant 10 min. Ensuite, sortez le plat du four, posez les filets de daurade sur la pomme, huilez légèrement le dessus. Remettez au four pour 10 min.

3 Lavez et ciselez la roquette. Effeuillez et ciselez la menthe. Hachez les cerneaux de noix. Sortez les coques de leurs coquilles et préparez une salade à la menthe avec les coquillages, la roquette ciselée, les noix hachées, l'huile de noix, sel et poivre. Quand le plat sort du four, étalez la salade sur les filets de daurade et servez sans attendre.

LA PÊCHE AU NOBLE

LE SAINT-PIERRE

DANS VOTRE CABAS

Le saint-pierre est un poisson curieux: certains le jugent laid; on peut pourtant le trouver extrêmement décoratif, avec ses nageoires hérissées de piquants ou prolongées de longs filaments, sa grosse tête géométrique et ses écailles argentées aux reflets de bronze. Il a aussi sur chaque flanc, en plein milieu, une grosse tache sombre dont on dit qu'elle aurait été laissée par le pouce de saint Pierre, qui aurait attrapé puis relâché le poisson car il se serait mis à grogner. Et c'est vrai: le saint-pierre grogne lorsqu'il vient d'être pêché… Vous aurez peu de chance de l'entendre sur l'étal du poissonnier. En revanche, veillez à ce qu'il soit bien brillant, que son œil soit bien bombé et clair: ce sera le signe de sa fraîcheur.

Le saint-pierre a une taille très variable, du poisson portion au spécimen de 50 centimètres de longueur. De toutes façons, il est assez peu avantageux car il comporte beaucoup de déchets (jusqu'à 60 %) et n'offrira que rarement plus de quatre parts. Mais ces parures sont riches en gélatine et donnent d'excellents fumets… Enfin, le saint-pierre peut faire l'objet d'une pêche de petit bateau ou provenir d'un élevage: son prix n'est évidemment pas le même, ses qualités gustatives non plus.

DANS VOTRE ASSIETTE

La chair du saint-pierre est extrêmement fine, blanche, ferme, et pour cela, très estimée. Ajoutons que les filets se détachent très facilement, ce qui le fait spécialement apprécier en restauration.

Tous les modes de cuisson lui conviennent et on peut tout aussi bien le pocher, le cuire à la vapeur, au four ou sur le gril, le braiser ou le poêler. Sa forme aplatie le recommande pour le gril (avec des braises pas trop ardentes, surtout).

L'importance de la tête et du squelette, la qualité particulière de leurs cartilages font que le saint-pierre est excellent dans les soupes ou les cotriades.

DANS VOTRE ESTOMAC

Le saint-pierre a une chair maigre et légère (pour 100 g: protéines, 18 g; lipides, 1 g; 80 calories).

LE SAINT-PIERRE

SAINT-PIERRE « BIO-VERT »

Pour 4 personnes :
1 saint-pierre de 1,2 kg
1 c. à s. d'huile

marinade bio-vert
1 concombre • 1 tomate verte • 15 feuilles de cresson
6 feuilles de roquette
20 feuilles de persil • 1 citron
1 c. à s. d'huile d'olive
20 pluches d'aneth • sel

Temps de réalisation :
35-40 min, dont 15 à 20 min d'exécution suivant le mode de cuisson choisi

Vins :
un vin d'Alsace biologique, bien sûr (le riesling de Pierre Frick)

*Le nom de « bio-vert » indique que tous les ingrédients employés sont des produits qui redoutent la culture intensive (qui, comme tout le monde le sait, ne produit rien d'autre que la nourriture du « diable »). De toute façon, pour avoir une tomate verte, elle devra être biologique (ou provenir de votre jardin) : celles que l'on trouve habituellement sont d'un rouge pas naturel, il faut bien le dire.
Ici encore, dans ce plat tout simple et vraiment « jardinier », le rapport entre la chair du poisson, chaude, et la marinade très fraîche et légèrement acidulée, est délicieux. La vivacité du plat est renforcée par l'accord avec le riesling.*

 À vos fourneaux

1 Préparez la marinade « bio-vert » : épluchez le concombre et taillez-le en petits dés, mettez ceux-ci dans une passoire et salez légèrement. Épépinez et taillez la tomate verte en dés. Pelez le citron à vif, levez les quartiers en glissant un couteau effilé entre la chair et la peau, puis taillez-le en dés. Lavez et ciselez la roquette et le cresson. Mélangez tous les ingrédients de la marinade, y compris le persil, l'huile et l'aneth et laissez-la « mûrir » le temps de cuire le poisson (un 1/4 h).

2 Enduisez le saint pierre d'huile sur ses deux faces et cuisez-le au grill, 10 min de chaque côté. À défaut, cuisez-le au four, à 180 °C (th. 6) environ 15 min. Servez bien chaud, accompagné de la marinade bien fraîche.

Saint-Pierre en cocotte

Pour 4 personnes :
1 saint-pierre de 1,5 kg
2 pieds de fenouil
2 c. à s. d'huile d'olive
pour le fenouil

marinade :
1 botte de persil
1 dl d'huile d'olive
1 pincée de safran
1 c. à c. de cumin
20 g de gingembre
1 brin de romarin
1 oignon nouveau
1 botte de coriandre fraîche
1 gousse d'ail
1 citron vert
1 orange
1 clou de girofle

Temps de réalisation :
un peu moins de 1 h, dont
40 min d'exécution

Vins :
un châteauneuf-du-pape
blanc, pour ses arômes
légèrement anisés et épicés
(celui de Pierre André)

Une alliance très classique, au départ – le fenouil va bien au poisson, on le sait depuis (presque) toujours –, mais elle est rendue ici « moderne » par la marinade d'herbes et d'aromates qui lui apporte fraîcheur et nervosité.
Autant que possible, pilez les épices au mortier : le résultat est incomparable ; dans un robot électrique, vous n'obtiendrez jamais une pommade assez lisse pour être montée comme une mayonnaise, en ajoutant l'huile petit à petit. Les herbes doivent être ciselées très finement pour bien s'incorporer à la sauce.
Ce plat a des arômes délicatement anisés, apportés par le fenouil, des notes plus vives (celles de la coriandre, du citron vert ou du cumin) ou plus chaudes (le safran, l'orange et la girofle) ; sa texture est à la fois ferme et fondante : pour toutes ces raisons, les accords avec le châteauneuf-du-pape blanc seront des plus intéressants...

LE SAINT-PIERRE

À vos fourneaux

1 Nettoyez le saint-pierre et enlevez-lui la tête si nécessaire. Préchauffez le four à 180 °C (th. 6). Lavez, nettoyez et émincez les pieds de fenouil. Mettez à chauffer (modérément) l'huile d'olive dans une cocotte suffisamment grande pour contenir le saint-pierre et faites-y étuver doucement le fenouil 20 bonnes minutes. Couchez le saint-pierre sur le lit de fenouil, couvrez et mettez au four pour 20 min.

2 Pendant ce temps, effeuillez et ciselez très finement le persil, la coriandre et le romarin, épluchez et hachez finement l'oignon nouveau, râpez une bande de zeste sur l'orange et le citron vert, et réservez le tout dans un bol. Épluchez l'ail, le gingembre, râpez ce dernier, mettez-les dans un mortier avec le cumin, le safran et le clou de girofle et pilez le tout pour obtenir une pommade. Ajoutez l'huile d'olive petit à petit puis le mélange d'herbes et de zeste. Mélangez encore et réservez dans une saucière.

3 Lorsque le saint-pierre est cuit, servez-le dans sa cocotte ou dans un plat de service, entouré du fenouil, la marinade d'accompagnement en saucière, chaque convive se servant à son goût.

LA SOLE

Dans votre cabas

La sole est un poisson apprécié depuis toujours. Il faut dire que sa réputation est méritée : sa chair est dense et savoureuse, d'une grande finesse. Les soles pêchées en eaux froides sont supérieures à celles qui le sont en eaux chaudes. Il en existe différentes variétés : la sole vraie, à la forme ovale bien dessinée ; la sole du Sénégal, à la chair plus ferme mais moins fine ; la sole pôle, ou de sable, à la chair plus molle et qui a tendance à se défaire ; la sole perdrix, plus proche de la limande et moins intéressante.

Une sole doit avoir 21 centimètres de longueur au minimum (soit un poids de 200 grammes. La sole franche, lorsqu'elle est bien fraîche, a la peau brun-gris du côté droit, celui avec les yeux, et bien blanche du côté aveugle. Les branchies doivent être très colorées.

La sole se pêche toute l'année et elle est abondante sur ses lieux de ponte entre la mi-décembre et la fin-février. Malheureusement, c'est aussi la période où, gustativement, elle est la moins intéressante et où sa pêche risque de mettre en péril la reproduction de l'espèce. Son abondance fait qu'elle est évidemment moins chère mais il n'est pas très civique d'en profiter. Certains pêcheurs seraient d'ailleurs partisans d'une réglementation.

Dans votre assiette

Les qualités de la chair de la sole ont fait qu'elle est sans doute le poisson qui a connu le plus d'apprêts différents. Elle se prête à tous les modes de cuisson, selon sa taille : de la solette, que l'on fait frire ou que l'on poêle, aux plus grosses pièces, que l'on braise, entières, ou que l'on grille. Ou dont on lève les filets…

Si le poisson est bien frais, la peau est très adhérente mais elle se retire malgré tout sans trop de difficultés : il suffit de la détacher d'un coup sec à partir d'une incision faite au niveau de la queue, dans la peau brune, et de tirer vers la tête. On dégage celle-ci puis on tire la peau du côté aveugle de la tête à la queue. Les filets se lèvent ensuite très facilement.

Dans votre estomac

La chair de la sole est particulièrement maigre et légère : sa digestibilité en fait toujours le poisson des enfants et des convalescents (pour 100 g : protéines, 18 g ; lipides, 1 g ; 77 calories).

Dans votre garde-manger

La sole fraîche peut se conserver une journée au réfrigérateur.

LA SOLE

SOLE AUX CREVETTES

Pour 2 personnes :
1 sole de 600 g
300 g de crevettes grises
100 g de vin blanc
100 g de crème fraîche
100 g de beurre

Temps de réalisation :
moins de 30 min, dont
15 min d'exécution

Vins :
un clos-sainte-hune
(riesling Trimbach), pour
l'accord exceptionnel des
arômes, mais aussi
pour l'alliance des textures,
entre un grand riesling et
la chair de la sole)

Un grand classique, mais qui marche à tous les coups. L'assaisonnement est apporté par les crevettes : leur note légèrement salée, leur goût d'iode et de crustacé relèvent la saveur assez douce de la sole.
En ce qui concerne la texture elles créent également de petits accidents qui viennent « animer » la structure, assez dense, de la chair du poisson.

À vos fourneaux

1 Préchauffez le four à 180 °C (th. 6). Nettoyez soigneusement la sole : videz-la, rincez-la. Coupez les nageoires avec une paire de ciseaux, ôtez les deux peaux (la blanche et la grise).

2 Beurrez un plat à four ovale de taille suffisante, et posez la sole dedans. Mouillez avec le vin blanc et la crème et enfournez pour 10 min. Pendant ce temps, décortiquez les crevettes grises.

3 Après les 10 min, sortez le plat du four, récupérez le jus de cuisson dans une casserole, tenez la sole au chaud. Émulsionnez le jus avec le beurre, puis ajoutez les crevettes décortiquées. Amenez juste à frémissement et nappez-en la sole. Glissez de nouveau le plat au four 3 min, juste pour réchauffer le tout et servez très chaud.

Sole au lillet

Pour 2 personnes :
1 sole de 1 kg
1 verre de lillet blanc
100 g de beurre
150 g de champignons de Paris
100 g de crème fraîche épaisse
un petit bouquet de persil
1 biscotte

Temps de réalisation :
un peu plus de 30 min, dont 15 min de cuisson

Vins :
un grand graves blanc, un pessac-léognan (Château Olivier)

Les vermouths, en général, ont des saveurs douces-amères qui vont bien au poisson et aux crustacés… La sole préparée de cette façon est, d'ailleurs, l'un des grands classiques de la cuisine française. Ici, il s'agit de la variante bordelaise : le lillet, en effet, blanc ou rouge, est l'apéritif traditionnel de Bordeaux depuis bien longtemps (il a été créé en 1887) et offre, comme tous les vermouths, ce goût particulier d'écorces d'orange et de quinquina. En blanc (comme celui utilisé dans la recette) il présente aussi des arômes miellés et résineux, avec des notes herbacées de menthe qui s'accordent particulièrement bien avec le poisson. L'accord avec le pessac-léognan se fait sur ces mêmes arômes, mais surtout sur la densité si particulière de la chair de la sole (qui nécessite toujours un vin d'une certaine corpulence).

 *À vos fourneaux*

1 Nettoyez et parez bien la sole (ou demandez à votre poissonnier de la préparer). Préchauffez le four à 180 °C (th. 6).

2 Préparez la garniture : nettoyez les champignons et émincez-les, effeuillez et hachez très finement le persil. Faites de la chapelure en écrasant la biscotte au rouleau à pâtisserie puis en la tamisant à l'aide d'une petite passoire.

3 Prenez un plat ovale de taille suffisante pour contenir la sole et pouvant servir à table. Beurrez-le grassement. Disposez au fond les champignons émincés, arrosez avec le verre de lillet, poudrez avec le persil ciselé. Beurrez la sole sur sa face supérieure, saupoudrez-la de chapelure puis posez-la délicatement sur le lit de champignons. Entourez-la de la crème fraîche. Mettez au four pour 15 min, puis servez bien chaud.

LE TURBOT

Dans votre cabas

Autrefois, le turbot était toujours un gros poisson – on avait d'ailleurs inventé un ustensile spécial pour le cuire – et les petits spécimens, les turbotins, étaient moins considérés. Aujourd'hui, c'est presque l'inverse : il faut dire que les miracles de la technique sont passés par là et que les élevages nous produisent des individus parfaitement calibrés pour une, deux, trois ou quatre personnes… Pourtant, il n'y a pas à s'y tromper : un turbot sauvage, et de bonne taille, sera bien supérieur (et comportera moins de déchets : jusqu'à 50 % pour les plus petites pièces !).

La peau du turbot est sans écailles, de couleur différente et quelquefois sombre des deux côtés. La face qui porte les yeux est parsemée de petites taches blanches ou sombres et constellée de protubérances osseuses. Pour garder toutes ses qualités, le turbot doit être saigné et vidé dès sa prise, puis soigneusement brossé pour éliminer le mucus qui recouvre la peau : vous l'achèterez donc quasiment prêt à l'emploi… Il ne vous restera, éventuellement, qu'à retirer la peau. Mais veillez à choisir un morceau avec « l'os » (la grosse arête centrale), qui apporte beaucoup de saveur.

Dans votre assiette

La chair du turbot est blanche, ferme et feuilletée, fine et dense, très savoureuse. Il a longtemps occupé une place spéciale dans la gastronomie et a suscité quelques grandes recettes. Toutes les préparations lui conviennent : poché (souvent dans le lait pour conserver sa blancheur), grillé, rôti, braisé. Autrefois, le turbot ne se débitait pas : c'était forcément un mets d'apparat ; aujourd'hui, vendu en tronçons, un certain nombre d'apprêts qui n'étaient pas réalisables, comme la friture, le sont devenus. Toutefois, vu l'épaisseur des morceaux, ce sont les préparations pour les grosses pièces qui lui vont le mieux : rôti (il est délicieux), poché ou braisé. Mais attention… on doit d'autant plus prendre garde à toute cuisson excessive : sa chair devient alors cotonneuse et perd beaucoup de sa saveur.

Dans votre estomac

Le turbot a une chair maigre et légère (pour 100 g : protéines, 16 g ; lipides, 3 g ; 95 calories).

Dans votre garde-manger

C'est un poisson qui, sauvage, supporte un léger rassissement, mais encore faut-il savoir exactement quand il a été pêché.

LE TURBOT

Turbot rôti, chutney des Açores

Ce chutney, très aromatique et à la saveur aigre-douce, peut, sans être brûlant, accompagner de multiples préparations de poissons.

Pour 2 personnes :
1 tronçon de turbot de 500 g
1 c. à s. d'huile • 50 g de beurre sel et poivre

chutney :
500 g d'oignons rouges • 1 ananas des Açores
150 g de cassonade • 100 g de raisins secs
2 dl de vin blanc • 1 dl de vinaigre de vin blanc
50 g de gingembre frais • 1 c. à c. de curry
1/2 c. à c. de cannelle

Temps de réalisation :
2 h 30 min, dont 2 h de cuisson, plusieurs jours à l'avance • 25 min, dont 15 min de cuisson, le jour même

Vins :
un sauternes, qui trouvera avec le turbot une chair assez dense et dans le chutney la corpulence nécessaire pour lui résister (et des arômes exotiques qui répondront aux siens, l'ananas, en particulier)

 *À vos fourneaux*

1 Quelques jours à l'avance, préparez tous les ingrédients du chutney et mettez-les au fur et à mesure dans une casserole inoxydable : épluchez les oignons et émincez-les ; épluchez également l'ananas, ôtez les parties dures et coupez-le en dés ; épluchez le gingembre et râpez-le. Ajoutez tous les autres ingrédients – cassonade, raisins secs, vin blanc, vinaigre, curry et cannelle – et faites cuire tout doucement pendant 2 h. Transvasez dans un bocal et gardez au moins 2 à 3 jours au frais pour que toutes les saveurs se fondent et que le chutney « mûrisse ».

2 Lorsque vous vous décidez à servir ce chutney avec un turbot rôti, préchauffez le four à 220 °C (th. 8). Enduisez le turbot de beurre et d'huile, assaisonnez-le de sel et de poivre. Posez-le sur un plat allant au four. Enfournez pour 15 min, sortez-le du four et laissez-le reposer 5 bonnes minutes sous une feuille d'aluminium ou four éteint et porte entrouverte, avant de le servir accompagné du chutney.

TURBOT POCHÉ À L'IRLANDAISE

Pour 2 personnes :
1 tronçon de turbot de 500 g
1 l de lait
15 g de sel
1 oignon
1 clou de girofle
2 rubans de zeste de citron
1 bouquet garni
150 g de beurre

Temps de réalisation :
un peu plus de 1 h,
dont un peu moins de
30 min de cuisson

Vins :
un vouvray moelleux
(Huet)

Ici, en revanche, il s'agit d'une recette d'origine irlandaise : le turbot cuit dans le lait, sans ébullition, conserve tout son moelleux. La sauce, discrètement parfumée par l'oignon, le citron et les aromates, est liée grâce au beurre et à l'apport gélatineux de la peau blanche du poisson. Et que choisir d'autre que le légume national, la pomme de terre, pour accompagner ce plat tout simple mais très goûteux ? Ici, comme dans la recette précédente, la chair du poisson, très compacte, nécessite un vin moelleux qui aura le corps nécessaire pour lui apporter un contrepoint intéressant…

 À vos fourneaux

1 Prenez une grande casserole et mettez-y le lait à bouillir. Le temps qu'il bouille, pelez l'oignon, piquez-le du clou de girofle, puis, dès l'ébullition, ajoutez-le au lait ainsi que le sel, les zestes de citron et le bouquet garni. Éteignez le feu et laissez infuser 30 min. Après ce laps de temps, plongez le tronçon dans le lait aromatisé et portez de nouveau à ébullition. Dès l'apparition des premiers frémissements retirez la casserole du feu, couvrez et laissez reposer 15 min au chaud.

2 Préparez alors la sauce, très simple : ôtez la peau du turbot (côté blanc et côté noir) et réservez la blanche. Prélevez 2 dl du jus de cuisson du poisson, ajoutez-lui la peau blanche et le beurre en petits morceaux. Mixez soigneusement et passez au chinois dans une casserole. Faites chauffer, surtout sans faire bouillir. Servez le turbot bien chaud, accompagné de cette sauce et de pommes vapeur.

LE TURBOT

TURBOT À LA RHUBARBE

Pour 2 personnes :
1 darne de turbot de 600 g
3 tiges de rhubarbe
2 pommes fruits acidulées
1 branche d'aneth
1 pincée de safran
50 g de beurre
3 c. à c. d'huile d'olive
sel et poivre

Temps de réalisation :
45 min, dont 20 min de cuisson

Vins :
un rioja blanc (Marquès del Puerto)

Un plat dans le registre aigre-doux d'inspiration anglo-saxonne. On connaît la passion des Anglo-Saxons pour la rhubarbe, cependant elle reste très rare comme légume. Elle offre pourtant une saveur acidulée très intéressante, mais il faut lui apporter un contrepoint sucré : choisissez ici des pommes granny-smith, qui amèneront suffisamment de sucre mais dont la légère acidité accompagnera celle de la rhubarbe. Le safran, par sa chaleur, vient également tempérer toute cette verdeur (encore renforcée par l'aneth). Il faut à peine blanchir la rhubarbe : une minute, vraiment pas plus... Cela est nécessaire pour la rendre plus douce mais si elle cuisait trop longtemps, elle se déferait.

 À vos fourneaux

1 Épluchez les pommes et la rhubarbe. Taillez chaque pomme en 6 quartiers, ôtez-leur les pépins. Taillez la rhubarbe en tronçons de 2 cm. Préchauffez le four à 220 °C (th. 8). Faites bouillir une grande casserole d'eau et mettez y la rhubarbe à blanchir, 1 min pas plus. Rafraîchissez-la à l'eau glacée puis égouttez-la dans une passoire. Ciselez l'aneth, ajoutez-le à la rhubarbe ainsi que le safran et 2 cuillerées d'huile d'olive. Mélangez le tout.

2 Faites fondre le beurre dans une petite casserole. Prenez une cocotte de 20 cm de diamètre et disposez les quartiers de pomme au fond, en couronne. Arrosez-les de beurre fondu et ajoutez la rhubarbe au milieu. Assaisonnez de sel et de poivre. Enduisez la darne de turbot avec l'huile d'olive restante et posez-la sur la rhubarbe. Couvrez et mettez au four pendant 20 min. Servez dans la cocotte.

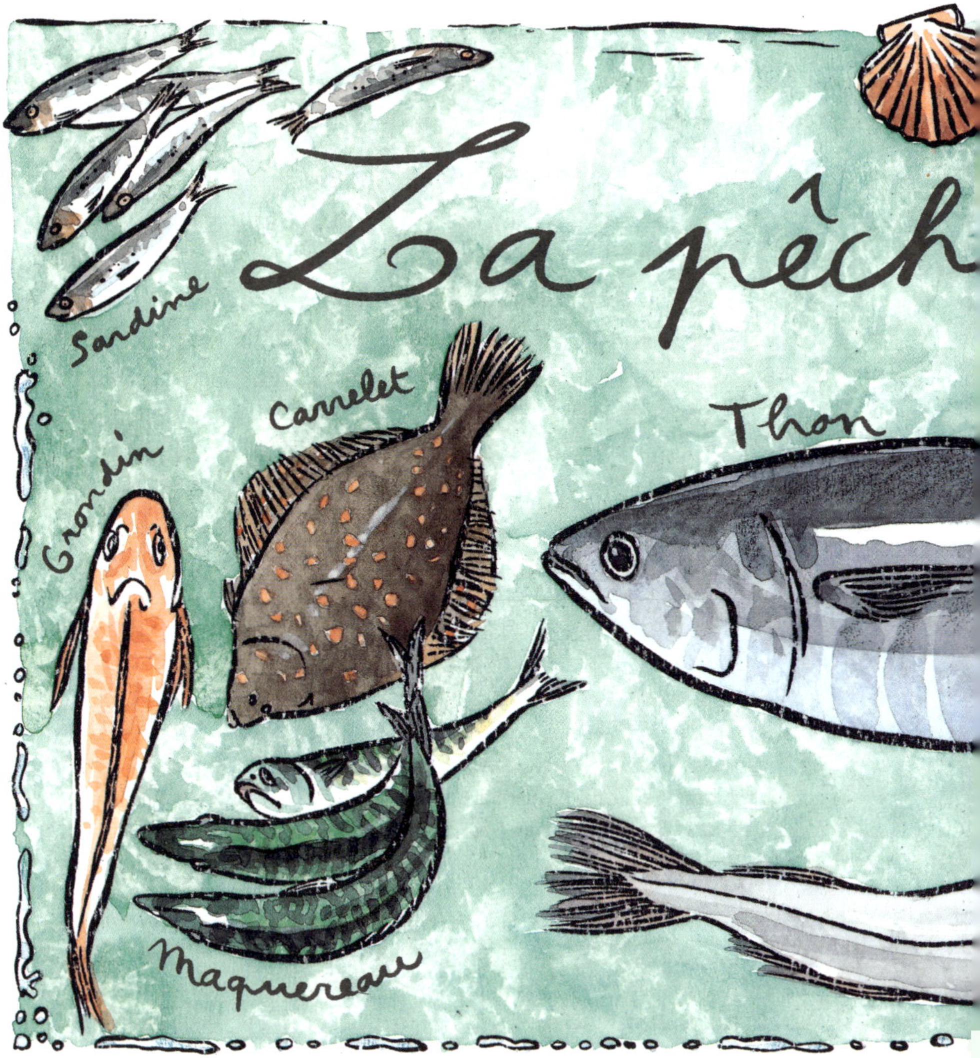

La pêch
Sardine
Carrelet
Thon
Grondin
Maquereau

LA PÊCHE CÔTIÈRE

Un peu d'histoire

La seule pêche longtemps pratiquée, hormis celle à la morue, qui a toujours nécessité de grandes expéditions, a été côtière, à bord de bateaux que l'on ne se souciait pas alors de qualifier de petits. Mais aujourd'hui que cette activité s'est industrialisée, on fait la différence. Il y a la grande pêche, dite aussi hauturière, qui voit les bateaux partir pour un mois ou plus et ne rapporter que des produits conservés par le sel (c'est la traditionnelle pêche à la morue) ou par le froid (ce sont les techniques modernes de congélation). Elle est le fait de véritables bateaux-usines, où le poisson pêché est immédiatement transformé avant d'être stocké à fond de cale dans les conditions requises. Il y a la pêche au large, artisanale ou semi-industrielle, effectuée aux chaluts de fond ou pélagique, selon les cas. Là, les bateaux partent pour des périodes de une à deux semaines. Non pas qu'ils aillent forcément très loin mais leur taille leur permet de rester au large – d'où le nom de ce type de pêche – et d'exploiter systématiquement un banc ou un site. À bord, le poisson remonté est vidé, lavé puis conservé dans la glace. Enfin, il y a les petits bateaux qui pratiquent la petite pêche lorsqu'ils ne partent que pour la journée, ou la pêche côtière, s'ils s'absentent jusqu'à trois jours, parce qu'ils vont chercher le poisson un peu plus loin des côtes ou un peu plus loin de leur port d'attache. Ce sont ces deux dernières qui nous intéressent, et tout particulièrement la première, cette pêche de petit bateau, car c'est la seule qui garantisse des produits de la plus extrême fraîcheur : ils ne mettent alors que 24 heures pour arriver sur l'étal du poissonnier... C'est la pêche la plus traditionnelle, même si parfois les outils ont évolué. Celle qui ne met en jeu aucun artifice technique pour livrer le produit le plus frais.

Mais ces petits bateaux pratiquent en fait bien

LA PÊCHE CÔTIÈRE

des pêches différentes ! Certains pratiquent les arts dormants et vont poser puis relever leurs engins appâtés dans lesquels les proies sont venues se prendre. Filets posés ou dérivants, casiers, lignes ou palangres (ce sont des sortes de lignes « multiples ») fixes ou dérivantes. D'autres sont les adeptes des arts traînants et tirent derrière eux leurs engins, qu'il s'agisse, là aussi, de diverses sortes de filets ou de lignes. Ce sont également ceux-ci qui vont à la pêche aux différents coquillages, munis de dragues qui raclent les fonds. Bien sûr, les premiers pratiquent une pêche qui réclame la tranquillité, tandis que les seconds, par vocation, sont toujours en mouvement. Les uns et les autres partageant, bien évidemment, le terrain de leurs exploits, on imagine les frictions et les problèmes qui peuvent s'ensuivre... Et puis, évidemment, chaque règle suscite ses exceptions, il existe un engin de pêche qui n'appartient ni à une catégorie ni à l'autre, ou un peu à l'une et un peu à l'autre : il s'agit de la bolinche, ou senne, un type de filet tournant utilisé pour capturer thons et sardines.

LE POINT DE VUE DU CHEF

La pêche de petit bateau, pour les gastronomes soucieux de qualité, est la seule défendable : elle seule garantit en effet la plus extrême fraîcheur des produits. C'est souvent la plus respectueuse de la protection des espèces : la parfaite adaptation des moyens aux besoins, la connaissance des lieux de pêche permet aux patrons-pêcheurs de viser le plus justement possible. Il n'en est pas toujours de même des engins plus importants, avec lesquels ce contrôle est plus difficile à exercer : leur taille même multiplie les risques de capturer davantage d'espèces non recherchées. On peut dire « qu'ils ratissent large » et les poissons, plus tassés dans la poche des filets, en souffrent. Car un poisson, sous l'eau, peut étouffer. Et se noyer ! À *l'Auberge bretonne*, le poisson provient dans sa quasi-totalité d'un bateau, le *Rock and roll-II,* appartenant à Serge Ripplinger. Évidemment, c'est une situation des plus privilégiées : acheter tous les jours son poisson, débarqué le matin même, à la propre femme du patron pêcheur n'est pas donné à tout le monde. Mais on peut s'approcher de cette qualité de produit en étant très attentif quant aux provenances et aux méthodes de pêche.

LA PÊCHE CÔTIÈRE

LE COLIN

DANS VOTRE CABAS

Le nom colin est presque une marque commerciale : en réalité, ce poisson, que l'on trouve toute l'année, est le merlu. Est-ce pour faire plus chic ? Est-ce parce que l'on craignait la confusion merlu-merlan ? Mais, aujourd'hui, le terme désigne également des poissons de familles voisines, tels les différents lieus, qui maintenant doivent, dans ce cas, obligatoirement porter les deux noms accolés.

Le colin a un corps gris argenté avec un dos presque noir. Lorsqu'il est bien frais, il se tient parfaitement raide et doit avoir la peau luisante, les ouïes bien rouges, l'œil bombé et clair. Il peut mesurer de 40 centimètres environ à plus de 1 mètre, aussi le trouve-t-on vendu entier, en tranches ou en filets. Si vous l'achetez entier, comptez à peu près 40 % de déchets. En tranches, choisissez, si vous le pouvez, la partie prise dans la queue, derrière la poche ventrale. Et plus le poisson sera gros, plus il aura de tenue…

DANS VOTRE ASSIETTE

Traditionnellement, le colin était cuit au court-bouillon. Là encore, attention à la surcuisson ! Elle serait vraiment fatale à sa texture et à sa saveur. On peut donc également le cuire à la vapeur, en papillote ou le rôtir au four (en prenant la précaution de l'arroser souvent pour éviter qu'il ne se dessèche (c'est son plus grand défaut).

Le colin est très apprécié parce que sa chair ne contient que peu d'arêtes (et qu'elles se retirent facilement). On la dit fine, ce qui est vrai du point de vue texture (elle est même fondante si la cuisson est bien menée) mais gustativement, cela n'est pas très loin d'être un peu fade : un assaisonnement plutôt goûteux et relevé lui conviendra donc bien. Les herbes, l'échalote, les épices le mettent en valeur.

DANS VOTRE ESTOMAC

Le colin est un poisson maigre et peu calorique. Il est riche en iode, en phosphore, en fer et en vitamines du groupe B (en particulier PP). Sa chair, très « nette », c'est à dire privée de tissus conjonctifs, est particulièrement digestible et légère, atout que beaucoup recherchent (pour 100 g : protéines, 17 g ; lipides, 0,4-2,7 g ; 76 calories).

DANS VOTRE GARDE-MANGER

Le colin très frais peut se conserver sans problème un jour au réfrigérateur. Cuit il se conservera même un jour de mieux mais il faut prendre garde à ce qu'il ne se dessèche : couvrez-le d'un film ou conservez-le dans une boîte étanche.

LE COLIN

DOS DE COLIN AU TAPIOCA

Pour 4 personnes :
4 filets de colin de 150 g
100 g d'échalotes • 100 g d'oseille • 60 g de cresson
30 g de cerfeuil • 30 g de persil • 60 g d'orties
20 feuilles de citronnelle (mélisse) • 10 feuilles d'estragon • 3 feuilles de sauge • 1 feuille de menthe
75 cl d'eau • 25 cl de vin blanc • 20 g de tapioca
20 g de beurre • sel et poivre

Temps de réalisation :
un peu plus de 45 min, dont un peu plus de 30 min de cuisson

Vieille recette de l'Auberge bretonne où l'on retrouve l'association liquide-solide, si plaisante… Le poisson doit être juste cuit pour garder tout son moelleux, et la vapeur est parfaite pour cela : humide, sans délaver la chair dont la saveur est délicate. Le bouillon d'herbes est d'une grande fraîcheur avec son mélange de notes anisées, mentholées ou citronnées. Le tapioca vient apporter la rondeur nécessaire pour mieux épouser le fondant de la chair du poisson.

Vins :
un saumur blanc (celui des frères Foucault, très élégant)

 ## À vos fourneaux

1 Effeuillez et lavez toutes les herbes. Essorez-les dans un torchon. Épluchez et ciselez les échalotes. Dans une casserole, faites fondre le beurre et mettez y à suer les échalotes. Quand celles-ci deviennent translucides, ajoutez toutes les herbes et lorsqu'elles sont un peu « tombées », mouillez avec le vin blanc et l'eau. Laissez cuire 20 min à petit bouillon et à découvert pour qu'elles restent le plus vertes possible. Mixez et passez au chinois.

Remettez le bouillon d'herbes dans la casserole et portez de nouveau à ébullition ; liez alors avec le tapioca jeté en pluie et mélangez soigneusement pour éviter les grumeaux. Assaisonnez.

2 Salez les filets de colin et faites les cuire à la vapeur pendant 7 min. Ensuite, posez-les dans des assiettes creuses bien chaudes où vous aurez disposé le tapioca d'herbes.

LA PÊCHE CÔTIÈRE

COLIN DE SANTANDER

Pour 4 personnes :
4 tranches de colin de 200 g
1 dl d'huile d'olive
3 poivrons rouges
3 gousses d'ail
2 oignons
sel et poivre du moulin

Temps de réalisation :
45 min, dont un peu plus de 10 min de cuisson pour le poisson

Vins :
un blanc de Galice, fruité et aromatique (Granxa Fillaboa)

Dans cette recette d'inspiration toute espagnole, le mélange ail, poivrons rouges et oignons, qui vient relever la chair du colin à la saveur assez peu marquée, est tout à fait typique. Il ne faut pas oublier que c'est dans les ports de cette région de l'Espagne que furent introduits en Europe au XVIe siècle poivrons et piments, en provenance du Nouveau Monde. Longtemps la cuisine espagnole en a eu seule l'usage : il a fallu deux siècles à ces produits (comme à la tomate, d'ailleurs) pour se faire connaître…
Ici, la cuisson du poisson s'effectue principalement au four : il ne passe à la poêle que le temps de prendre couleur et de se constituer une croûte légère qui le protégera et lui permettra de garder tout son moelleux… Le colin se dessèche vite et même si la compote de poivron lui apporte ce qu'il faut d'humidité, veillez à ne pas l'oublier dans le four une minute de trop.

LE COLIN

 À vos fourneaux

1 Épluchez les oignons, l'ail et les poivrons. Émincez oignons et poivrons et hachez finement l'ail. Dans une assez grande poêle, faites chauffer la moitié de l'huile d'olive et mettez-y les oignons à revenir sans les laisser prendre couleur. Ajoutez les poivrons et l'ail et laissez compoter une dizaine de minutes jusqu'à ce que le mélange soit bien moelleux.

2 Assaisonnez les tranches de colin. Dans une seconde poêle suffisamment grande pour les contenir toutes les quatre, faites chauffer l'huile d'olive restante et saisissez vivement les morceaux de poisson sur les deux faces, juste pour les colorer.

3 Posez les tranches dans un plat allant au four sans qu'elles se chevauchent, recouvrez-les de compote de poivron et mettez à four chaud 200 °C (th. 7) pendant 10 min.

LA PÊCHE CÔTIÈRE

LE CABILLAUD

Dans votre cabas

Le cabillaud est bien pratique : on le trouve sous ce nom, frais, presque toute l'année mais on peut également l'acheter salé sous son autre appellation, la morue, ou séché, et c'est alors le stockfish… Il semble que ce soient les Basques qui, dès le Moyen Âge, aient commencé à le pêcher au loin et à le conserver au sel. Ce gros poisson (il peut avoir plus de 1 mètre de long) est gris mordoré avec des reflets verts et un ventre clair. Frais, il est donc souvent vendu en morceaux. Sa chair, feuilletée, doit être ferme et avoir un aspect nacré et brillant. Plus jeune, il peut être vendu entier (souvent sous le nom de moruette). Mais attention, le cabillaud a une grosse tête et de fortes nageoires : petit, et vendu entier, il offrira une importante proportion de déchets ; en tranches ou en tronçons, il sera nettement plus avantageux.

Salée, la morue, s'achète entière ou en filets. Dans le premier cas, mieux vaut choisir des spécimens bien charnus : la chair est plus belle et moins salée. Comptez 24 heures de dessalage avant utilisation. Les langues de morue sont des morceaux très appréciés et qui sont également conservées au sel, à part. Quant aux foies, on en fait de l'huile mais aussi des conserves et cela peut-être un délicieux apéritif sur une rôtie de pain grillé.

Dans votre assiette

La chair du cabillaud est délicate, blanche et feuilletée, plutôt ferme (en ce qui concerne les grosses pièces), très « nette » (et donc facile à digérer). Lorsqu'il est frais, c'est un poisson que l'on peut préparer de toutes sortes de manières, au court-bouillon, à la poêle ou rôti au four, ce qui lui va particulièrement bien. Salé, il faut préalablement le faire pocher quelques instants. Mais quelle que soit la préparation choisie, attention à la surcuisson ! Elle lui fait perdre texture et saveur, et ce poisson délicieux devient vite cotonneux et sans intérêt.

Dans votre estomac

Le cabillaud est particulièrement maigre et, comme tous les produits de la mer, riche en sels minéraux (pour 100 g : protéines, 16-20 g ; lipides, 0,6-0,8 g ; 68 calories).

Dans votre garde-manger

Comme la plupart des poissons, le cabillaud doit être consommé frais mais il peut cependant attendre un jour au réfrigérateur, il y perdra seulement de ses qualités gustatives. La morue salée et le stockfish se conservent dans un endroit frais et sec mais il n'y a aucune raison de les stocker…

LE CABILLAUD

LANGUES DE MORUE AUX POIS CHICHES

Pour 4 personnes :
500 g de pois chiches
500 g de langues de morue
500 g de tomates
1 oignon
2 gousses d'ail
5 cl d'huile d'olive
2 dl d'eau
poivre

Temps de réalisation :
À débuter 24 h à l'avance
2 h 30 min, dont 30 min d'exécution

Vins :
un anjou rouge
(celui de Marc Angeli)

Une recette typiquement portugaise qui allie la morue nationale, mais en version assez recherchée grâce à l'utilisation de la langue de ce poisson, et d'un légume tout aussi cher au cœur des Portugais : le pois chiche. Les langues de morue sont un mets extrêmement délicat mais il faut veiller à bien les faire dessaler : mettez-les dans une passoire avant de les plonger dans l'eau, ainsi elles ne resteront pas en contact avec le sel. La cuisson des pois chiches est un peu longue (c'est pour cette raison qu'il ne faut surtout pas saler – d'autant que les langues de morue le sont) mais elle ne demande aucune attention si on la démarre avec une grande quantité d'eau et qu'on la conduit à tout petit feu.

 *À vos fourneaux*

1 La veille, mettez les langues de morue à dessaler pour 24 h sous un filet d'eau froide ou en changeant l'eau plusieurs fois. Faites également tremper les pois chiches 24 h.

2 Mettez les pois chiches dans beaucoup d'eau froide (c'est très important) et faites-les cuire pendant 2 h à tout petit bouillon. Si le liquide venait à trop réduire, ajoutez de l'eau bouillante. Ne salez pas.

3 Pendant la cuisson des pois, préparez une sauce tomate : mondez et épépinez les tomates, concassez-les grossièrement. Épluchez et hachez l'ail et l'oignon. Mettez-les à revenir dans l'huile d'olive, ajoutez les tomates puis 2 dl d'eau. Laissez mijoter 15 min puis passez au mixer. Faites cuire les langues de morue 5 min à l'eau frémissante, égouttez-les, poivrez-les et ajoutez-les à la sauce tomate. Ajoutez alors les pois chiches à la sauce et faites mijoter pendant 10 min. Servez très chaud.

LA PÊCHE CÔTIÈRE

MORUE AUX POIREAUX

Pour 4 personnes :
500 g de morue
500 g de pommes de terre
3 poireaux
50 g de beurre
2 œufs
500 g de lait
100 g de crème fraîche
sel et noix de muscade

Temps de réalisation :
À débuter 24 h à l'avance
1 h 30 min, dont 1 h
de cuisson.

Vins :
un reuilly blanc,
pour sa fraîcheur et
sa vivacité

Les Portugais ont au moins 365 recettes pour accommoder la morue, une pour chaque jour si on en croit la légende ; les Irlandais en ont sans doute moins, mais celle-ci est délicieuse et évoque irrésistiblement leur pays.

Il est important de couper les pommes de terre en rondelles plutôt fines pour qu'elles cuisent de façon très régulière : le plat doit être absolument fondant et il serait tout à fait désagréable de tomber sur des parties encore croquantes. De même, les poireaux doivent être suffisamment étuvés pour être parfaitement tendres.

La crème doit être un peu assaisonnée mais il faut vraiment être très prudent : n'hésitez pas à goûter la morue ébouillantée pour vérifier son degré de salaison. Quoi qu'il en soit, il vaut mieux avoir la main trop légère que trop lourde…

À vos fourneaux

1 La veille, mettez la morue à dessaler sous un filet d'eau froide continu, si vous le pouvez, ou en changeant l'eau souvent.

2 Faites pocher la morue à l'eau frémissante 5 min (démarrage à l'eau froide) puis égouttez-la. Émiettez-la, ôtez la peau s'il en reste, prenez garde aux arêtes. Préchauffez le four à 180 °C (th. 6).

LE CABILLAUD

3 Nettoyez et lavez soigneusement les poireaux, émincez-les et, dans une casserole, faites-les étuver une dizaine de minutes avec le beurre. Épluchez les pommes de terre et émincez-les très finement, comme des chips (le mieux est de le faire à la mandoline, si vous en avez une, ou au robot s'il fait des tranches assez fines).

4 Faites bouillir le lait dans une casserole. Dans une jatte, travaillez les œufs entiers avec la crème fraîche jusqu'à obtenir un mélange homogène et versez le lait bouillant dessus sans cesser de bien remuer. Assaisonnez d'un peu de sel (attention à celui-ci : la morue peut être redoutable) et d'une râpée de noix de muscade.

5 Au fond d'un plat à gratin, disposez une couche de pommes de terre, puis les poireaux, puis la morue émiettée. Recouvrez d'une couche de pommes de terre et versez par-dessus le mélange lait, œufs, crème. Enfournez et laissez cuire pendant 1 h.

LA PÊCHE CÔTIÈRE

CROQUETTES DE MORUE

Pour 4 personnes :
350 g de morue
500 g de pommes de terre
50 g d'huile d'olive
3 jaunes d'œuf
sel et poivre
une bassine à friture
(avec son huile !)

Temps de réalisation :
À débuter 24 h à l'avance
1 h, dont 45 min d'exécution
plus 15 min pour la friture

Vins :
un mâcon blanc (celui de Georges Blanc)

La morue est un poisson excellent, encore faut-il la faire dessaler correctement… Pour cela, il faut un récipient assez vaste et une passoire : on pose la morue, peau visible, dans la passoire et on installe celle-ci dans le récipient que l'on remplit d'eau froide. On aura soin de changer celle-ci 3 ou 4 fois pendant les 24 heures nécessaires au dessalage d'une morue entière (12 heures suffisent si elle est déjà en filets). La passoire permet que le poisson ne reste pas en contact avec le sel qui se dépose au fond ; de même, la peau dessous retient le sel dans la chair…

À vos fourneaux

1 La veille, mettez la morue à dessaler.

2 Le jour même, épluchez les pommes de terre et faites-les cuire à l'eau. Faites pocher la morue 5 min à l'eau frémissante. Ôtez la peau et les arêtes de la morue, émiettez-la complètement et réservez.

3 Quand les pommes de terre sont cuites, passez-les au moulin à légumes et travaillez énergiquement la chair avec l'huile d'olive et les jaunes d'œuf. Ajoutez la morue émiettée et travaillez encore l'ensemble. Vérifiez l'assaisonnement.

4 Faites chauffer la friture à 180 °C. Moulez de petites croquettes à l'aide d'une cuiller à café. Faites-les frire par petites quantités pour que la friture reste bien chaude. Servez avec une bonne salade verte.

LE CABILLAUD

BOULANGÈRE DE CABILLAUD

Pour 4 personnes :
1 filet de cabillaud de 700 g
1 kg de grosses pommes de terre
4 gros oignons
1 l bouillon de volaille
1 brindille de thym
sel et poivre

Temps de réalisation :
1 h, dont 30 min de cuisson

Vins :
un montlouis sec, ce blanc de Touraine trop méconnu (François Chidaine)

En France, les pommes boulangères accompagnent classiquement le mouton. En Bretagne, où l'on apprécie la viande de porc, c'est une façon traditionnelle de la servir : cette recette en est une adaptation marine.

Il est important de couper très régulièrement les pommes de terre afin qu'elles cuisent de la même façon. Se servir d'une mandoline est assez pratique. La couche d'oignon sous le poisson permet à celui-ci de cuire sans se dessécher et de ne pas être détrempé par le liquide au fond du plat. Faire compoter les oignons à l'avance a son importance également : d'abord, ils deviennent parfaitement digestes, ensuite, ils ne risquent pas de dégorger au cours de la cuisson au four.

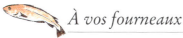 *À vos fourneaux*

1 Épluchez pommes de terre et oignons et émincez ceux-ci. Dans une casserole, mettez les oignons à compoter 30 min avec un peu de bouillon. Faites chauffer le bouillon. Préchauffez le four à 180 °C (th. 6).

2 Coupez les pommes de terre en rondelles et rangez-les dans un plat en terre. Mettez la compote d'oignon au milieu et versez le bouillon bien chaud dans le plat. Enfournez et laissez cuire 15 min.

3 Au bout de ce temps, sortez le plat et sur les oignons posez le filet de cabillaud, assaisonné de sel et de poivre. Ajoutez sur le dessus une brindille de thym et remettez au four pour encore 15 min. Servez chaud.

LA PÊCHE CÔTIÈRE

LA GODAILLE

Dans votre cabas

La godaille, c'est tout ce qu'un pêcheur ramène qui n'est pas l'objet principal de sa pêche. Sur les petits bateaux c'était autrefois la base des soupes de poissons. Mais il peut y en avoir suffisamment pour la commercialiser : quelques grondins, quelques carrelets, des maquereaux bien bleus…

Il n'y a pas un grondin, mais plusieurs. Les meilleurs sont les plus gros.

Le hareng, particulièrement bon d'octobre à janvier lorsqu'il est gras, en période de pré-reproduction, est alors dit bouvard. De janvier à mars, après la fraie, il est en revanche très maigre. Il est dit guais. Un hareng bien frais a les écailles et l'œil très brillants.

Le maquereau, rare en hiver, est disponible le reste de l'année. Il fait l'objet d'une pêche industrielle intensive, spécialité des Irlandais. Frais, il proviendra de petits bateaux. Un bon maquereau, est presque rigide ; arqué, s'il s'agit de pêche artisanale. Les ouïes sont rouge sang, les écailles brillantes, le ventre est ferme.

Le carrelet (plie) est délicieux. Sa chair abondante, ne supporte pas le moindre manque de fraîcheur (netteté et vivacité des taches orange). Bon marché, le carrelet est disponible toute l'année et particulièrement en hiver (sa période de reproduction).

Dans votre assiette

Le grondin a une chair ferme, blanche et maigre, assez fragile, et sa peau est délicate : attention à toute chaleur trop vive. Le hareng est très facile à préparer (écaillage, vidage, etc.). Sa chair est assez grasse : le gril lui va donc bien. Et la moutarde ! Tout comme au maquereau… que l'on vide par les ouïes et qui s'essuie plus qu'il ne s'écaille.

Quant au carrelet, sa chair, assez fine et délicate, s'accommode bien de la cuisson au four ou, comme ici, d'une simple marinade.

Dans votre estomac

Le grondin (pour 100 g : protéines, 17 g ; lipides, 3 g ; 100 calories) comme le carrelet (pour 100 g : protéines, 19 g ; lipides, 1,2 g ; 92 calories) est riche en phosphore et en potassium. Le hareng (pour 100 g : protéines, 18 g ; lipides, 1-25 g selon la saison ; 185 calories), très riche en vitamines, en magnésium, en iode, et le maquereau, très énergétique (pour 100 g : protéines, 19 g ; lipides : 10-12 g ; 200-250 calories), sont réputés gras.

Dans votre garde-manger

Comme tous les poissons, ils doivent être rapidement consommés, plus particulièrement le maquereau.

HARENGS MARINÉS

Pour 8 harengs :
8 harengs
25 g de sel gris de Guérande
1 l d'eau
30 g de sucre semoule
1,5 dl de xérès manzanilla
2 tomates
3 oignons blancs
poivre noir concassé

Temps de réalisation :
20 min l'avant-veille,
20 min la veille

Vins :
un sauvignon de Touraine, canaille mais élégant pour s'accorder à la marinade

Cela semble un peu absurde de mettre les harengs une nuit en saumure pour les faire dessaler immédiatement après, mais le sel, même dans un laps de temps si court, les « cuit », leur donnant une saveur tout à fait particulière, et la marinade aigre-douce à la tomate et au manzanilla finira cette « cuisson à froid ».
Le vin utilisé pour préparer ce plat, le manzanilla, est un type de xérès, en général moins marqué que le fino. Il est produit au bord de l'océan Atlantique, ce qui lui confère légèreté et finesse, lui permettant d'accompagner la saveur du poisson sans la masquer.

À vos fourneaux

1 Nettoyez les harengs sous le robinet d'eau froide et levez les filets.

2 Versez l'eau dans un saladier ou un grand bocal en verre (d'une contenance de 2 litres au moins) et faites-y fondre le sel, en remuant bien pour qu'il se dissolve complètement (on peut prendre à la place 1 litre d'eau de mer). Mettez-y à tremper les filets de hareng pendant 12 h, au réfrigérateur. Passé ce temps, sortez les harengs de leur saumure et faites-les tremper 6 h à l'eau froide pour les dessaler.

3 Épluchez les oignons, émincez-les et réservez. Pelez et épépinez les tomates. Concassez-les finement et mélangez cette pulpe avec le sucre semoule et le manzanilla. Rincez et essuyez soigneusement les filets. Disposez-les dans un plat creux avec la marinade à la tomate en prenant soin de bien enrober les poissons. Assaisonnez avec le poivre concassé et recouvrez de rondelles d'oignon. Laissez-les mariner entre 6 et 12 h avant de les manger accompagnés de tranches de pain de seigle beurrées.

LA PÊCHE CÔTIÈRE

GRONDIN RÔTI AU JAMBON DE BAYONNE

Pour 4 personnes :
1 gros grondin de 1,5 kg
4 belles tranches de jambon de Bayonne
2 branches de basilic
20 g d'amandes
2 gousses d'ail
2 c. à s. d'huile d'olive
4 tomates
50 g de beurre
1 kg de blettes
1/2 verre d'eau
sel et poivre du moulin

Temps de réalisation :
1 h, dont 20 min de cuisson

Vins :
un bourgueil dans un petit millésime, frais, jeune et fringant
(Marc Delaunay)

Le grondin est un poisson connu, mais rarement apprécié à sa juste valeur car il craint terriblement la surcuisson. C'est sans doute pour cela que, petit, il finit en soupe, en cotriade ou en bouillabaisse : ce défaut est alors moins sensible. Mais, gros, il est délicieux de toutes les façons. Même s'il contient relativement beaucoup d'arêtes, qu'il a une grosse tête et de fortes nageoires, des parties osseuses ou cartilagineuses qui font certes les bonnes soupes, mais qui ont pour conséquence qu'il « profite » peu. Cette recette, d'inspiration espagnole – l'association amande et ail typique, comme celle jambon - poisson – lui permet d'être bien protégé pendant la cuisson et donc de rester parfaitement moelleux.

À vos fourneaux

1 Levez les filets du grondin, ou demandez à votre poissonnier de le faire, mais de toutes façons ôtez les arêtes : vous devez obtenir 4 belles parts d'environ 200 g.

2 Épluchez l'ail et mettez-le dans le bol du robot mixeur. Lavez et effeuillez le basilic, ajoutez-le dans l'appareil avec les amandes et l'huile d'olive. Faites tourner jusqu'à obtention d'une pommade. Ou, mieux, si vous avez un mortier, pilez le tout. Tartinez les filets de grondin avec un peu de cette pommade, puis enroulez chacun dans une tranche de jambon de Bayonne et réservez.

LA GODAILLE

3 Nettoyez et effilez les blettes, détachez le vert des côtes. Taillez le blanc en bâtonnets et ciselez le vert. Réservez séparément. Pelez, épépinez et concassez les tomates. Dans une cocotte, faites fondre le beurre et mettez-y à suer les côtes de blette en bâtonnets. Mouillez d'un peu d'eau (1/2 verre, juste pour démarrer la cuisson), ajoutez les tomates concassées. Faites cuire à couvert 10 min environ, que les blettes soient cuites mais encore croquantes. Juste avant de servir, ajoutez le vert ciselé et assaisonnez de sel et de poivre du moulin.

4 Pendant que les blettes cuisent, faites revenir les filets de grondin sur toutes leurs faces dans une poêle avec une goutte d'huile d'olive, puis rangez-les dans un plat à gratin huilé et finissez de les cuire au four à 200 °C (th. 7) pendant 10 min. Répartissez l'étuvée de blettes dans 4 assiettes et posez dessus les filets de grondin.

LA PÊCHE CÔTIÈRE

MAQUEREAU AU CHOU

Pour 4 personnes :
4 maquereaux
4 feuilles de chou frisé
sel et poivre du moulin
fleur de sel

Temps de réalisation :
moins de 45 min, dont
15 min d'exécution

Vins :
un riesling (celui de
Kientzler) pour son aspect
massif et minéral qui
va bien au maquereau

Le chou aime le gras, le maquereau lui en apporte juste ce qu'il faut...
Ne craignez pas d'emballer les paupiettes dans du film alimentaire : celui-ci résiste très bien à la chaleur de la vapeur et, non seulement il rend les manipulations beaucoup plus faciles, mais il permet de cuire à l'étouffée en concentrant les arômes au lieu de les délaver.
Dans l'assaisonnement « de tous les jours », la moutarde est décisive : son goût se marie parfaitement avec la saveur du maquereau.

 *À vos fourneaux*

1 Choisissez quatre belles feuilles de chou, lavez-les. Faites bouillir une bonne quantité d'eau dans une casserole assez grande pour que les feuilles de chou y soient à l'aise. Faites-les blanchir 6 min, égouttez-les et rafraîchissez-les sous l'eau froide (il est inutile de se brûler). Épongez-les soigneusement et partagez-les en deux en retirant la grosse côte centrale. Posez-les bien à plat, chaque moitié sur un carré de film alimentaire. Assaisonnez.

2 Levez les filets des maquereaux et ôtez les petites arrêtes. Coupez chaque filet en deux et posez les deux morceaux sur une demi-feuille de chou. Roulez sur elles-mêmes les feuilles de chou garnies des deux demi-filets de maquereau en vous aidant du film, qui maintiendra en place le petit paquet que vous formerez. Mettez les paupiettes de chou dans le panier du cuit-vapeur et faites cuire 8 min.

3 Déballez chaque paupiette, posez dessus quelques grains de fleur de sel. Servez avec une vinaigrette à la moutarde et aux fines herbes, bien relevée. Ou, les jours de fêtes, une vinaigrette aux truffes.

LA GODAILLE

MARINADE DE CARRELET

Pour 4 personnes :
1 carrelet de 1 kg
1 jus de citron • 1 verre de lillet • 2 échalotes • 1 kg de petits pois • 2 tomates
1 yaourt • 1 petit cœur de laitue • sel et poivre du moulin

Temps de réalisation :
15 min 3 h à l'avance, plus 15-20 min d'exécution à la fin

Vins :
un saint-joseph blanc (Perret)

Le carrelet (ou plie) présente, lorsqu'il est très frais, des taches d'un orange vif sur sa peau brunâtre, l'autre face étant gris nacré. Il est disponible toute l'année mais pendant l'hiver, qui est sa période de reproduction, il est préférable de ne pas le consommer : plus maigre, il offre de moindres qualités gustatives. De plus, est important de préserver l'espèce. Justement, cette recette est très estivale, une salade digne de vacances au cap Ferret, sur le bassin d'Arcachon (à cause du lillet).
Si vous voulez garder un vert éclatant aux petits pois, cuisez-les à découvert et rafraîchissez-les dans une bassine d'eau avec des glaçons.

 À vos fourneaux

1 Retirez la peau du carrelet et levez les filets (ou, en cas de paresse, faites-le faire par votre poissonnier, mais alors demandez-lui de le faire devant vous)

2 Épluchez et ciselez les échalotes. Taillez la chair des filets de carrelet en dés et mettez-les à mariner avec l'échalote, le jus du citron et le lillet pendant 3 h.

3 Cuisez à l'eau bouillante, 10 min environ, les petits pois (tout dépend de leur fraîcheur : le mieux est de goûter), à découvert pour garder leur couleur, puis égouttez-les et rafraîchissez-les dans de l'eau très froide.

4 Pendant ce temps, mondez les tomates et coupez-les en dés. Ajoutez-les, ainsi que le yaourt, à la marinade de carrelet. Mélangez la marinade avec les petits pois égouttés. Salez et poivrez de quelques tours de moulin. Lavez et égouttez la laitue. Tapissez les parois d'un saladier avec les feuilles et garnissez le centre avec la marinade aux petits pois.

LA PÊCHE CÔTIÈRE

LA SARDINE

Dans votre cabas
On trouve la sardine sur les marchés du printemps à l'automne, moment où elle se rapproche des côtes. C'est aussi la période à laquelle elle engraisse, mais c'est au plein cœur de l'été qu'elle est la meilleure. Les sardines peuvent être de taille très variable, même si aujourd'hui les petites sardines se sont raréfiées de façon inexplicable : jusqu'à 15 centimètres de longueur, elles peuvent être cuisinées entières ; plus grandes, on les préparera en filets.
Une belle sardine doit avoir l'aspect ferme et luisant, les ouïes bien roses et non pas rouges (avant qu'elles ne virent carrément au brun). C'est un poisson fragile, il vaut donc mieux éviter de trop le manipuler.

Dans votre assiette
Les sardines s'écaillent très facilement, simplement en les essuyant « à rebrousse-poil », de la queue vers la tête, puis en les lavant pour éliminer tout résidu. Comme tous les poissons gras, la sardine aime la grillade et elle est l'une des gloires des barbecues d'été. En revanche, elle a un grave inconvénient : elle est très odorante, ce qui la cantonne à la cuisine de plein air. Elle est excellente en friture, en escabèche, au four, farcie par exemple, ou tout simplement crue… Sa chair grasse et goûteuse est délicieuse ainsi. Un peu de sel, un peu de poivre, un filet d'huile ou de citron, et le tour est joué !

Dans votre estomac
Les sardines sont particulièrement nourrissantes : leur richesse en protéines est exceptionnelle (150 g de chair de sardine peuvent assurer 100% de la ration protéinique journalière d'un adulte) ; elles sont riches en vitamines (D et E) et en calcium, car on mange les arêtes ! Elles sont en revanche pauvres en sodium, idéales pour les régimes sans sel (pour 100 g : protéines, 20 g ; lipides, plus de 10 g en fonction de la saison ; glucides, moins de 0,1 g ; 174 calories).
Lorsqu'on les fait griller, il est particulièrement important d'éviter les flammes : les graisses dégagent des produits réputés cancérigènes !

Dans votre garde-manger
Comme tous les poissons gras, les sardines sont particulièrement fragiles : à consommer donc rapidement. À moins qu'elles ne soient en boîte où, au contraire, elles s'améliorent avec le temps (retournez les boîtes de temps en temps si vous voulez les faire vieillir… on en trouve de millésimées dans le commerce).

LA SARDINE

SARDINES AUX ŒUFS

Pour 1 boîte de sardines :
1 boîte de sardines à l'huile
3 œufs
1 c. à s. de mayonnaise
1 c. à s. de vinaigre
1 petit bouquet de ciboulette
sel et poivre du moulin

Temps de réalisation :
moins de 15 min

Vins :
un quincy, frais et sans histoire (Mardon)

Qui n'a pas dans ses souvenirs d'enfance celui de tranches de pain couvertes de sardines triturées à la fourchette avec du beurre et des œufs durs… À l'âge où l'on aime les aliments écrasés et mélangés. C'est délicieux !
Cette recette en est une interprétation à peine plus sophistiquée, que la mayonnaise rend simplement plus légère (le vinaigre est important pour donner du tonus à l'ensemble et relever le mélange, la ciboulette venant apporter ponctuellement sa délicate saveur d'oignon). C'est une purée à servir à l'apéritif, sur des canapés, ou dans un bol, accompagnée de pain grillé. À moins que l'on ne préfère en faire une entrée et l'utiliser pour farcir de petites tomates.

À vos fourneaux

1 Mettez de l'eau à bouillir dans une casserole et lorsqu'elle est à ébullition plongez-y délicatement les œufs. Faites-les cuire 8 min puis rafraîchissez-les sous un filet d'eau froide. Pendant ce temps, ouvrez la boîte de sardines, égouttez-les, puis écrasez-les à la fourchette. Écalez les œufs lorsqu'ils sont durs et écrasez-les de même à la fourchette. Ciselez finement la ciboulette.

2 Malaxez ensemble œufs et sardines et liez le tout avec la cuillerée de mayonnaise. Assaisonnez de vinaigre, de sel et de poivre du moulin, au goût. Ajoutez la ciboulette ciselée et mélangez délicatement.

LA PÊCHE CÔTIÈRE

BEIGNETS DE SARDINES

Pour 24 beignets :
2 douzaines de sardines
100 g de farine
1 œuf
1 dl d'eau glacée
1 dl d'huile
fleur de sel
1 friteuse et son huile de friture

Temps de réalisation :
un peu moins de 45 min, dont un peu plus de 15 min pour la friture

Vins :
un vino verde, dont la vivacité équilibrera la friture

Ces beignets ont longtemps été l'un des amuse-gueules classiques de l'Auberge. Attention ! Veillez à ne pas les laisser cuire trop longtemps afin qu'elles conservent tout leur moelleux…

À vos fourneaux

1 Mélangez au fouet la farine et l'œuf avec l'huile. Ajoutez l'eau, qui doit être bien glacée.

2 Nettoyez les sardines sous un filet d'eau froide et ôtez éventuellement l'arête centrale (mais cela n'est pas indispensable : une fois cuite, elle apporte juste un peu de croquant). Épongez-les soigneusement avec du papier absorbant.

3 Faites chauffer la friture à 180 °C. Trempez les sardines une à une dans la pâte à frire puis plongez-les pour 4 min dans l'huile bouillante. Sortez-les à l'écumoire (l'écumoire-araignée, en fil de fer, est idéale pour cela) et égouttez-les sur du papier absorbant. Assaisonnez à la fleur de sel et servez bien chaud.

LA SARDINE

TARTINES DE SARDINE

Pour 4 personnes :
12 sardines fraîches
4 belles tranches de pain de campagne
2 courgettes
2 tomates
6 feuilles de basilic
6 amandes fraîches
3 c. à s. d'huile d'olive
fleur de sel
poivre du moulin

Temps de réalisation :
un peu plus de 30 min, dont 25 min quelques heures à l'avance

Vins :
un gaillac perlant

L'une des meilleures façons de manger les sardines : crues ! Ou, pour être tout à fait exact, juste marinées avec un peu d'huile d'olive. En effet, leur chair, comme celle de tous les poissons un peu gras (maquereau, hareng, saumon), s'accommode très bien de cette préparation.

La crème de légumes a l'accent espagnol, avec son mariage de tomates, de basilic, d'amandes et d'huile d'olive. Les courgettes sautées lui apportent de l'onctuosité (ce sont elles qui permettent de la préparer à l'aide du mixer plutôt qu'au mortier). Le seul problème que peut poser cette recette viendra du pain : il doit être excellent et ce n'est pas forcément le plus facile à trouver !

À vos fourneaux

1 Préparez d'abord la pâte à tartiner : lavez les courgettes, essuyez-les puis émincez-les et faites-les sauter rapidement dans une poêle avec 2 cuillerées d'huile d'olive. Pelez, épépinez et concassez les tomates. Mettez courgettes et tomates dans le bol du robot avec le basilic, les amandes et un peu d'huile d'olive. Faites tourner jusqu'à obtention d'une purée lisse. Assaisonnez et réservez au frais.

2 Nettoyez et videz les sardines sous le robinet d'eau froide, puis levez-en les filets. Enduisez-les d'un soupçon d'huile d'olive au pinceau et assaisonnez-les. Réservez sur une assiette que vous recouvrirez de film avant de les mettre au frais.

3 Au dernier moment, grillez les tranches de pain et tartinez-les avec la crème aux légumes et aux amandes. Posez dessus les filets de sardine. Salez à la fleur de sel, donnez un tour de moulin… et mangez sans attendre !

LA PÊCHE CÔTIÈRE

LE THON

Dans votre cabas

Il existe plusieurs variétés de thons : certaines ne sont destinées qu'à la conserve (l'albacore, le listao) tandis que d'autres sont également vendues « en frais ». Parmi celles-ci, le thon germon, le thon de l'Atlantique à la chair à peine rosée, d'une grande finesse, que l'on trouve principalement de la fin de mai au début d'octobre et le thon rouge, beaucoup plus gros, beaucoup plus répandu mais jamais mis en conserve.
Si cela correspond à la préparation que vous projetez, achetez le thon en tranches épaisses : il n'en sera que plus moelleux. Choisissez alors un morceau plutôt pris vers la queue. Cependant, la partie ventrale, un peu gélatineuse et, pour cela, spécialement goûteuse et tendre, est très appréciée des amateurs.
Enfin, le thon est également une conserve appréciée, notamment lorsqu'il s'agit de thon germon, à l'huile (d'olive !) ou au naturel.

Dans votre assiette

Le thon, rouge ou blanc, est un poisson accommodant : il se prête à un grand nombre de préparations, du cru au cuit. Et tous les modes, grillé, rôti, braisé, lui conviennent, à part peut-être les cuissons à l'eau : sa chair, très dense, proche de la viande, devient sèche. Le thon appelle le gras, celui du jambon, du lard, du chorizo ou, tout simplement, de l'huile. Un filet de thon rôti au four, si l'on surveille de très près sa cuisson, est une chose réellement délicieuse. Mais on peut tout aussi bien le préférer cru, sa chair offrant de multiples possibilités.

Dans votre estomac

Frais, le thon est un poisson maigre : on pense habituellement le contraire parce que sa chair, extrêmement dense, est nourrissante (elle contient une fois et demie plus de protéines que la viande) et rassasie vite. Mais également parce que très longtemps on ne l'a connu que sous forme de conserve à l'huile ! Le thon est spécialement riche en fer (autant qu'une viande rouge), riche en iode, en cuivre, en zinc, en vitamine D, en vitamine A et en vitamines du groupe B (pour 100 g : protéines, 28-30 g ; lipides, 6 g ; glucides, 0 g ; 140-170 calories).

Dans votre garde-manger

Comme tous les poissons, le thon doit être consommé rapidement, surtout s'il est destiné à être mangé cru (en général, il a suffisamment rassis lorsque vous l'achetez).

THON BRAISÉ AU PORTO

Il est important de garder la peau et les arêtes au morceau de thon : cela donne de la consistance à la sauce et du goût... en général ! Le côté acidulé des verdures vient équilibrer la rondeur du porto.

Pour 6 personnes :
1 tranche de thon frais d'environ 1,2 kg
2 oignons • 1 gousse d'ail • 3 carottes • 200 g de champignons de Paris • 5 dl de porto
100 g de beurre • 1 branche de thym
sel et poivre du moulin
épinard • oseille

Temps de réalisation :
1 h 15 min, dont 1 h de cuisson
(avec 10 min de surveillance attentive)

Vins :
un porto assez simple,
un colheita (obtenu par assemblage, contrairement au vintage)

 À vos fourneaux

1 Préparez les légumes de la garniture : épluchez les oignons et émincez-les ; épluchez les carottes et coupez-les en rondelles ; coupez le bout terreux des champignons et partagez-les en quatre. Épluchez la gousse d'ail et faites-la éclater sous la lame d'un couteau.

2 Dans une cocotte, faites fondre le beurre et mettez-y à revenir la tranche de thon sur ses deux faces avec la gousse d'ail. Retirez la tranche de thon en vous aidant d'une spatule ou d'une écumoire et mettez à revenir les oignons et les carottes en rondelles en les remuant bien dans la cuisson. Ajoutez la branche de thym, puis reposez la tranche de thon sur les légumes. Salez et poivrez ; mouillez avec le porto. Laissez cuire le tout à couvert et à tout petit feu pendant 20 min. Ajoutez alors les champignons taillés en quartiers et cuisez encore 20 min, toujours à tout petit feu.

3 Pendant ce temps, lavez et nettoyez soigneusement les épinards et un peu d'oseille, égouttez-les soigneusement. Dans une grande poêle, faites fondre le beurre et mettez-y à « tomber » les épinards et l'oseille. Sortez le thon de la cocotte, ôtez-en la peau, versez la garniture de légumes et le jus de cuisson dans un plat creux bien chaud, puis posez dessus le thon coupé en morceaux. Servez à part la tombée d'épinards à l'oseille.

LA PÊCHE CÔTIÈRE

CHARLOTTE DE THON

Pour 4 personnes :
1 reste de thon
ou 2 boîtes de thon au
naturel de 160 g
4 aubergines
1 dl d'huile d'olive
4 tomates
2 courgettes
1 poireau
1 poivron rouge
4 feuilles de basilic
4 petits moules à soufflé
de 12 cm de diamètre
beurre pour les moules
4 dl de sauce tomate
sel et poivre du moulin

Temps de réalisation :
45-60 min de préparation
plus 45 min de cuisson

Vins :
un crozes-hermitage
rouge (Dard et Ribo) qui n'a
pas la corpulence des
autres côtes-du-rhône et qui,
pour cela, va bien au thon
(qui aime le vin rouge)

Le thon étant un poisson de taille imposante, on mesure parfois difficilement les portions et l'on a des restes ! C'est une bonne occasion de préparer ces petites charlottes. Et lorsqu'on n'a pas de restes, c'est une excellente façon d'accommoder le thon en boîte, celui préparé « au naturel »…
Faites poêler les aubergines dans l'huile bien chaude : ainsi, elles rissoleront immédiatement et cela évitera qu'elles ne se transforment en éponge. Malgré tout, il vaut mieux les éponger soigneusement entre deux feuilles de papier absorbant après cuisson.
Le chemisage des moules demande un peu de soin mais rien d'insurmontable… Il est important de bien tasser la préparation dans les moules afin que les charlottes se tiennent bien au démoulage.

140

LE THON

 À vos fourneaux

1 Préparez tous les légumes : mondez et concassez les tomates, épluchez le poivron et détaillez-le en petits morceaux, nettoyez soigneusement le poireau et coupez-le en rondelles, lavez les courgettes et émincez-les. Réservez chaque légume séparément. Coupez les deux extrémités des aubergines puis taillez-les en tranches assez fines dans le sens de la longueur.

2 Dans une poêle, mettez un peu d'huile d'olive et faites-y revenir le poireau et le poivron. Ajoutez les tomates concassées, les courgettes émincées et les parures d'aubergine grossièrement hachées (les deux extrémités, les deux premières et les deux dernières tranches qui auraient trop de peau). Laissez cuire à feu doux 20 min environ. Ajoutez éventuellement un peu d'eau si vous voyez que cela réduit trop et risque d'attacher.

3 Pendant ce temps, beurrez les moules à soufflé. Puis poêlez les tranches d'aubergine avec le restant d'huile d'olive et égouttez-les sur du papier absorbant. Chemisez les moules avec les tranches d'aubergine soigneusement épongées : disposez-les en rosace sur le fond du moule en les faisant remonter le long des parois en se chevauchant un peu et en les laissant dépasser si elles sont trop longues.

4 Émiettez le thon et ajoutez à la compote de légumes, qui après ce laps de temps doit être parfaitement cuite. Assaisonnez de sel et de poivre du moulin. Remplissez l'intérieur des moules avec la compote de légumes au thon en tassant bien. Repliez les tranches d'aubergine qui dépassent et recouvrez la farce avec celles qui restent en les recoupant pour qu'elles s'ajustent à la taille du moule.

5 Prenez un plat allant au four à bord assez haut et suffisamment grand pour contenir les quatre moules à soufflé. Mettez-y ceux-ci et remplissez le plat d'eau bouillante jusqu'aux deux tiers de leur hauteur. Cuisez-les ainsi, au four et au bain marie, pendant 45 min. Faites réchauffer la sauce tomate. Passé les 45 min, renversez les moules sur 4 assiettes de service bien chaudes, entourez d'un cordon de sauce tomate et servez le reste en saucière.

LA PÊCHE CÔTIÈRE

Thon « Belle jardinière »

Pour 6 personnes :
1 filet de thon d'environ 1 kg
100 g de beurre
6 tranches de jambon de montagne
500 g d'oseille
500 g d'épinard
2 laitues
1 kg de tomates
2 dl de vin blanc
sel et poivre
ficelle de cuisine

Temps de réalisation :
2 h 15 min, dont 1 h 30 min de cuisson

Vins :
un vin de cépage viognier très aromatique qui se marie bien avec les verdures (celui de Philippe Laurent)

Le thon ressemble plus à la viande rouge qu'à la blanche : grillé ou poêlé, il ne supporte que quelques minutes de cuisson ou alors il doit être braisé assez longuement (toutes proportions gardées, bien entendu : il supporterait mal le traitement du bœuf bourguignon !). Voici la version "cuisson" longue… Contrairement à ce que l'on pense habituellement, le thon a une chair très maigre et s'associe remarquablement au lard ou au jambon, qui lui apportent du moelleux : c'est ici le rôle du jambon, dont la saveur se marie bien, en outre, au goût de la salade cuite.
Tous les légumes ont des notes franchement acidulées (les tomates, l'oseille) ou légèrement amères (la laitue, les épinards) qui structurent le plat et lui donnent une véritable vivacité malgré sa cuisson plutôt longue.

LE THON

À vos fourneaux

1 Préparez tous les légumes: mondez, épépinez les tomates, ôtez leur partie dure centrale puis coupez-les en huit ; coupez l'extrémité du trognon des laitues et partagez-les en quatre ; nettoyez et lavez soigneusement l'oseille et les épinards. Taillez le filet de thon en 6 parts égales, assaisonnez-les de sel (discrètement, car le jambon est salé) et de poivre, et emmaillotez-les dans les tranches de jambon en maintenant le tout d'un tour de ficelle.

2 Dans un sautoir, faites fondre le beurre et mettez-y à revenir les petits paquets de thon sur toutes leurs faces puis réservez-les dans une assiette. Dans le beurre, faites «tomber» l'oseille et les épinards puis ajoutez les laitues et les tomates en morceaux. Laissez cuire 20 min. Ajoutez alors les petits paquets de thon, avec le jus qu'ils auront rendu, et le vin blanc. Laissez cuire 1 h à couvert. Assaisonnez en fin de cuisson.

3 Sortez le thon, ôtez les ficelles. Mettez la garniture de légumes dans un plat creux et posez dessus le thon au jambon.

LA PÊCHE CÔTIÈRE

🐚 LA SAINT-JACQUES 🐚

DANS VOTRE CABAS

Les coquilles Saint-Jacques ne sont disponibles que du 1er octobre au 15 mai : en dehors de ces dates, elles seront très certainement américaines ou japonaises. Et surgelées ! On compte qu'il faut 7 kilos de coquilles entières pour faire 1 kilo de noix. Celles qui pèsent un peu moins de 200 grammes sont réputées les meilleures.

Il est indéniable qu'acheter des coquilles fraîches et entières est bien préférable à toute autre solution. Et si vous craignez de mal vous y prendre pour les décortiquer, demandez à votre poissonnier de le faire. Si donc, vous les achetez entières, vérifiez qu'elles sont bien vivantes : elles peuvent bailler, ce n'est pas grave si elles se referment lorsque l'on toque sur la coquille.

Les coquilles Saint-Jacques de Bretagne sont réputées être parmi les meilleures et, tout particulièrement, celles de la rade de Brest ~~de la baie de Quiberon~~. *et de St Blieuc*

DANS VOTRE ASSIETTE

La chair des Saint-Jacques est extrêmement délicate et craint toute chaleur excessive : il est davantage question de les chauffer que de les cuire brutalement. En tous cas, cette cuisson doit être rapide. C'est pour cela qu'une cuisson minute, obtenue en versant sur les Saint-Jacques un liquide chaud, est un excellent procédé. Mais on peut tout aussi bien les servir crues, en carpaccio, ou simplement marinées.

Quant au corail, seuls les Français et les Japonais en sont friands… Vous pouvez, ou non, le servir. Mais sachez qu'il se développe à mesure que la saison avance et qu'il apparaît plus ou moins précocement selon la provenance du coquillage.

DANS VOTRE ESTOMAC

La chair de la coquille Saint-Jacques est maigre et légère, elle est riche en oligo-éléments de toutes sortes (cuivre, zinc, iode, fer, calcium, magnésium) et en vitamines du groupe B, B12, en particulier (pour 100 g : protéines, 8-12 g ; lipides, 1-3 g ; glucides, 0,3-4 g ; 91 calories)

DANS VOTRE GARDE-MANGER

Les coquilles Saint-Jacques se conservent parfaitement plusieurs jours dans un endroit frais (une semaine après la date de pêche indiquée sur une étiquette attachée au colis : demandez à votre poissonnier de vous la montrer), entre 5 °C et 15 °C, et si possible aéré. Stockez-les entassées bien à plat, côté creux vers le bas.

LA SAINT-JACQUES

SAINT-JACQUES AU SAUTERNES

Pour 4 personnes :
20 noix de coquilles Saint-Jacques
2 dl de sauternes
100 g de carottes
150 g de beurre
feuilles de persil

Temps de réalisation :
moins de 30 min, dont 15 min d'exécution

Vins :
un sauternes, bien sûr (Château Haut-Bergeron, l'un des meilleurs rapports qualité-prix de l'appellation)

Ce plat est un souvenir d'apprentissage. Ici, tout se joue dans le rond et le doux : saveur presque sucrée de la chair des Saint-Jacques, douceur des carottes, moelleux du sauternes, rondeur du beurre de la sauce... Seul, le persil vient apporter sa verdeur. Comme toujours, le mixer doit être puissant pour que l'émulsion soit parfaite. Le récipient de cuisson a aussi son importance : le sautoir est l'idéal car il permet vraiment le mouvement de va-et-vient indispensable pour que les Saint-Jacques cuisent régulièrement sans se contracter et durcir.

À vos fourneaux

1 Effeuillez le persil. Épluchez et émincez les carottes. Cuisez ces dernières à l'eau bouillante pendant 5 min. Prélevez 1 dl d'eau de cuisson des carottes et ajoutez-lui le sauternes. Faites chauffer sans ébullition. Ajoutez le beurre et émulsionnez au mixer.

2 Transvasez le liquide dans un sautoir assez grand pour contenir toutes les Saint-Jacques à plat, sur une seule couche. Portez à ébullition, ajoutez les noix de Saint-Jacques. Assaisonnez. Cuisez 4 min en imprimant un mouvement de va-et-vient au sautoir. Ajoutez alors les carottes. Rectifiez l'assaisonnement.

3 Répartissez Saint-Jacques et carottes dans quatre assiettes, arrosez de sauce et parsemez de petites feuilles de persil.

LA PÊCHE CÔTIÈRE

Barquettes de Saint-Jacques marinées

Pour 10 barquettes :
10 noix de coquilles Saint-Jacques
5 c. à s. d'huile d'olive
1 c. à s. de jus de citron
1 c. à s. de cognac
2 endives
1 petite botte de ciboulette
sel et poivre
fleur de sel
poivre du moulin

Temps de réalisation :
20 min (entièrement d'exécution)

Vins :
un sancerre blanc (Cotat) pour les notes délicatement citronnées du sauvignon

Les coquilles Saint-Jacques, dont la chair est si délicate, sont délicieuses, juste marinées. Pour cela, le mieux est de les tailler par le travers en tranches assez fines (3-4 mm d'épaisseur) à l'aide d'un couteau bien aiguisé.

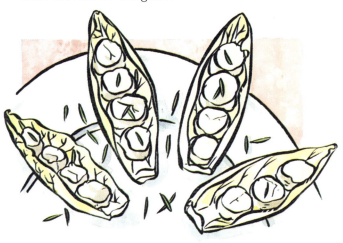

À vos fourneaux

1 Effeuillez et nettoyez les endives, épongez-les soigneusement. Ciselez finement la ciboulette. Mélangez l'huile, le jus de citron et le cognac. Assaisonnez.

2 Escalopez finement les noix de Saint-Jacques et trempez les tranches dans la marinade. Rangez-les au fur et à mesure dans les feuilles d'endive de façon à obtenir de jolies barquettes.

3 Assaisonnez chaque barquette d'un peu de fleur de sel, d'un tour de moulin à poivre et parsemez de ciboulette.

LA SAINT-JACQUES

Coquilles Saint-Jacques en chemise, vinaigrette truffée

Pour une personne :
12 tranches de courgette très fines • 4 noix de coquille Saint-Jacques, soit 80 g • 50 g de poireaux en paysanne • 20 g de beurre 1 belle lame de truffe plus quelques débris • 1/2 dl de vinaigrette de truffe
1 moule de 10 cm de diamètre

Vinaigrette de truffe
5 g de truffe • 4 c. à s. d'huile 2 c. à s. de vinaigre de Xérès 3 c. à s. d'eau • 1/2 c. à c. de moutarde • sel et poivre

Temps de réalisation :
30 min, dont un peu plus de 20 min d'exécution

Ce classique de l'*Auberge bretonne* associe la coquille Saint-Jacques à deux de ses faire-valoir parmi les plus intéressants, le poireau et la truffe. Qui, de surcroît, se marient admirablement, alors que l'on aurait plutôt tendance à les situer à l'opposé l'un de l'autre : le poireau, rustique, et la truffe, sophistiquée (ce qui est une erreur : la truffe est admirablement rustique). Le coquillage, à la saveur plutôt faussement discrète, résiste parfaitement à la puissance aromatique de l'un et de l'autre… Les courgettes, en tranches très minces, font une couronne verte et croquante.

Vins :
un vouvray sec (celui de Huet) résistant au poireau et dont les arômes se marieront à ceux de la truffe

À vos fourneaux

1 Lavez, émincez très finement la courgette et réservez. Nettoyez, lavez soigneusement les poireaux et taillez-les en « paysanne » (en tronçons larges comme le doigt). Préchauffez le four à 200 °C (th. 7). Pesez 50 g de poireaux par personne et faites-les suer avec le beurre dans une casserole 15 min environ. Lorsqu'ils sont cuits ajoutez-leur un peu de truffe hachée.

2 Beurrez les moules et chemisez la paroi de chacun avec les tranches de courgette. Mettez au fond, au centre, une lame de truffe. Rangez par-dessus les noix de Saint-Jacques coupées en deux (en travers) puis couvrez avec les poireaux. Mettez au four 3 min puis démoulez dans l'assiette et entourez d'un peu de vinaigrette de truffe.

LE POTAGER

Un peu d'histoire

Les légumes font partie des aliments les plus anciens de l'humanité et sont certainement à l'origine de l'agriculture, avant les céréales : de la cueillette des feuilles et des gousses, on est passé au fouissage pour extraire les racines… C'est dire si on leur doit un grand respect ! Bien sûr, les variétés primitives étaient loin de ressembler aux nôtres et n'étaient d'ailleurs pas toutes présentes. À l'origine, le long de la façade atlantique, on connaissait le chou – comme sur les bords de la Méditerranée, le chou maritime étant le père de tous les autres – et la carotte sauvage, qui n'est pas très réjouissante du point de vue gustatif, et sans doute les navets, originaires du Nord.

Contrairement à la majorité des espèces végétales, le chou a progressé au contraire des migrations humaines, de l'ouest vers l'est. Au fil des siècles, il a vraiment été le « roi des légumes », du fait de sa grande variabilité et sa résistance au froid, sans doute : il est le seul qui reste dans les jardins quand arrivent les gelées. Les variétés sont nombreuses, ce qui permet d'en avoir toute l'année : pommés ou cabus à feuilles lisses, apparus sous l'Empire romain ; frisés à feuilles cloquées ; et ceux de Milan, pommés et frisés à la fois. Mais cette vaste famille nous a également donné quelques proches parents : choux-raves et choux-navets, brocolis divers, choux de Bruxelles, et chou-fleur, dont la Bretagne s'est fait une spécialité.

Les légumineuses font elles aussi partie, au moins pour certaines variétés, des légumes très anciens en Europe : fèves, pois chiches et lentilles viennent du Moyen-Orient. Les haricots, eux, arrivent d'Amérique, et il fallut attendre le XVIe siècle pour qu'ils se répandent, petit à petit, via l'Espagne et l'Italie. Les petits pois, enfin, connus depuis longtemps sous leur forme mature (nos actuels pois cassés), les

Hollandais eurent très tôt l'idée de les manger « verts » et entiers – mange-tout – mais peut-être aussi en grains... En tout état de cause, leur usage vint d'Italie en France sous Louis XIV, qui en raffolait. Et ce fut l'origine d'une mode avec tous ses excès : on mangeait des petits pois à tout moment de la journée !

Les légumes à bulbe, eux, nous viennent du Moyen-Orient, où ils étaient tous très appréciés dès la Haute Antiquité : oignons, échalotes, aulx, poireaux de vigne (ancêtres des nôtres, cultivés) étaient la nourriture de base du peuple égyptien. Tous étaient connus en Europe avant le Moyen Âge et certains sans interruption depuis l'époque romaine. On peut regretter la disparition sur nos marchés du rocambole, ou ail d'Espagne, bien répandu encore au siècle dernier, à la saveur moins indiscrète. Mais on peut réserver une place particulière à l'ail en général, qui fut (et qui reste, d'ailleurs) une grande plante médicinale. Utilisé comme antiseptique, vermifuge et régulateur des troubles circulatoires, il avait toutes les vertus. Quant aux racines, elles sont d'origine européennes, à part, bien sûr, la pomme de terre, qui vient d'Amérique du Sud. Ce sont les conquistadores qui l'introduisirent sur le Vieux Continent. Elle fut, comme la tomate, longtemps considérée comme une plante d'ornement car, appartenant toutes deux à la famille des solanacées, on se méfiait d'elles. La pomme de terre arriva également grâce à sir William Drake, qui de Virginie la ramena en Irlande. Là, on ne se posa pas beaucoup de questions et on l'adopta. L'Europe germanique s'y mit aussi. Seule la France (parisienne) attendit Parmentier pour succomber au charme du précieux tubercule.

LE POINT DE VUE DU CHEF

Merveilleux aliments, les légumes méritent toute notre attention. Autrefois au centre de l'alimentation humaine avec les céréales, leur place s'est aujourd'hui modifiée : la cuisine bourgeoise, la grande cuisine les ont souvent réduits au rôle de faire-valoir, de garnitures. Ils méritent mieux que cela... Quand ils sont bons ! Soyez exigeant avec vous-même et respectez les saisons... Les légumes souffrent des transports, il est donc ridicule de les faire venir de l'autre bout du monde, alors qu'ils poussent à côté de chez soi. Et quel plaisir quand revient leur saison ! Soyez exigeant avec votre marchand de légumes ! Renseignez-vous et achetez auprès de producteurs les légumes les moins « trafiqués ».

LE POTAGER

LE CHOU

Dans votre cabas

Le chou est délicieux, nouveau, au printemps ou, au contraire, au début de l'hiver après les premières gelées. Le premier dans l'année est le « cœur de bœuf », un cabus pointu et pas trop serré, suivi pendant l'été par un autre, pommé. Puis arrivent les divers choux de Milan – « de la Saint-Jean », suivi du « gros des vertus » et, à l'orée de l'hiver, celui « de Pontoise » – sans compter les différents choux blancs – « quintal d'Alsace » (le chou de la choucroute), « Brunswick », « Vaugirard ». Il y a toujours un chou pour notre gourmandise car c'est un excellent légume... Quant au chou-fleur, il est bon dès le début de l'automne et au cœur de l'hiver, lorsque arrivent ceux de Bretagne. Il faut l'acheter bien serré et impérativement avec ses feuilles, qui témoignent de sa fraîcheur (elles doivent être cassantes).

Dans votre assiette

Le chou se prête à toutes sortes de préparations, de la cuisson à l'eau, comme dans les multiples soupes qu'il a nourries depuis l'Antiquité, au braisage, à feu doux, en passant par les sautés et, tout simplement, les salades. Sa forme le prédispose à être farci...

Le chou affectionne le gras : est-ce la tradition qui le marie automatiquement au lard ? Ou bien est-ce parce que leurs onctuosités se complètent ? Difficile à dire, mais ça marche ! Le chou-fleur se mange cru, mais c'est surtout cuit qu'on le sert. Il est blanchi ou cuit à la vapeur avant toute autre préparation.

Dans votre estomac

Les choux sont des trésors de vitamines (provitamine A, vitamines C, U – excellente pour les muqueuses de l'appareil digestif mais ne résistant pas à la chaleur –, K, cicatrisante). Le chou vert a longtemps été considéré comme le « médecin des pauvres » et ses vertus médicinales étaient réputées durant toute l'Antiquité (les Romains y voyaient un excellent remède contre la « gueule de bois »). Il est réputé indigeste, mais c'est à cause de ses accompagnements, souvent riches et gras (pour 100 g, selon qu'il est cru ou cuit : eau, 93 % ; protéines, 1,2-1 g ; glucides : 5,4-4,8 g ; 24-21 calories).

Dans votre garde-manger

Le chou se conserve très bien au réfrigérateur pendant plusieurs semaines, mais, son goût devient plus fort. Le chou-fleur se conserve un peu moins (une dizaine de jours), mais, attention, les légumes verts perdent leurs vitamines si on attend trop longtemps.

Poêlée de chou vert

Pour 4 à 6 personnes :
1 petit chou vert frisé
quelques tranches très fines de chorizo
1 c. à s. d'huile d'olive
50 g de beurre
1 citron
1 petit bouquet d'aneth
sel et poivre du moulin

Temps de réalisation :
un peu moins de 30 min, dont 10-15 min de cuisson

Vins :
un sylvaner pour ses notes vertes et citronnées

Cette recette est inspirée d'un plat que préparait la grand-mère de Jacques Thorel. On peut supposer que l'utilisation du chorizo est plus moderne et ne vient pas d'elle. Mais c'est une bonne évolution que ce clin d'œil vers la péninsule Ibérique !

À vos fourneaux

1 Effeuillez le chou en lui enlevant le trognon à l'aide d'un couteau pointu (à lame solide), lavez les feuilles, essorez-les et ôtez-leur la grosse côte centrale pour ne garder que le vert tendre, que vous taillerez en lanières. Zestez le citron à l'aide d'un couteau éplucheur puis hachez le zeste finement et réservez. Pressez le citron.

2 Dans une grande poêle, faites chauffer le beurre et l'huile d'olive et, lorsque le beurre a fondu, faites-y poêler les lanières de chou. Quand il commence à dorer ajouter le chorizo (qui doit être coupé en tranches vraiment fines), laissez le juste chauffer et arrosez avec le jus de citron. Assaisonnez de sel et de quelques tours de moulin à poivre et parsemez du zeste de citron haché et de pluches d'aneth.

LE POTAGER

Velouté de chou vert

Pour 6 personnes :
300 g de feuilles de chou vert • 1,5 l de bouillon
100 g de beurre

Temps de réalisation :
1 h, dont 30 min d'exécution

Vins :
un xérès fino ou manzanilla (Bobadilla), surtout avec les morilles mais si vous le garnissez de foie gras, un jurançon (moelleux, Domaine de Cauhapé)

Ce velouté est délicieux au printemps au moment des choux nouveaux. C'est une merveilleuse base pour toutes sortes de potages différents : il accepte à peu près toutes les variations et toutes les garnitures. Légumes (fèves nouvelles, pointes d'asperges vertes), champignons (les morilles ou, pourquoi pas, quelques débris de truffe...), volaille ou gibier (le goût de la peau grillée est délicieux avec le chou), foie gras...

 ## À vos fourneaux

1 Nettoyez le chou, ôtez les parties les plus dures des côtes et pesez-les : gardez-en 300 g pour le velouté et réservez le reste pour un autre usage. Faites blanchir 5 min les feuilles de chou dans l'eau bouillante. Rafraîchissez-les ensuite à l'eau glacée, égouttez-les et pressez-les entre les mains pour en exprimer toute l'eau. Concassez-les grossièrement.

2 Dans le faitout mettez à suer les feuilles de chou concassées dans la moitié du beurre fondu. Mouillez avec le bouillon et laissez cuire 30 min dès l'ébullition. Mixez puis passez au chinois. Liez le velouté avec le beurre restant.

3 Pour garnir ce velouté plusieurs possibilités s'offrent à vous : faites griller des petits croûtons taillés dans une baguette et posez-y de beaux copeaux de foie gras ; servez le velouté dans les assiettes et posez à la surface les croûtons au foie gras ; garnissez le fond de la soupière de débris de volailles rôties ou de gibier ; au printemps, faites une petite poêlée de morilles fraîches ou, une poêlée de petits lardons, fumés ou non, et mettez ceux-ci au fond de la soupière avant d'y verser le potage.

LE CHOU

VELOUTÉ DE CHOU-FLEUR AUX COQUES

Pour 6 personnes :
500 g de chou-fleur
1 kg de coques
1 branche de romarin
100 g de crème fraîche
sel et poivre

Temps de réalisation :
35 min (entièrement d'exécution)
et trempage des coques au moins 1 h à l'avance

Vins :
un xérès amontillado (Osborn)

Pour ce velouté traditionnel de la cuisine bourgeoise bretonne, il convient de bien respecter le temps de cuisson du chou-fleur : il doit être tendre, mais s'il cuit un peu trop longtemps, il libère les dérivés soufrés qu'il contient (ce sont eux qui peuvent lui donner une odeur forte et désagréable).
Faites bien dégorger les coques, à l'eau très salée, dans une bassine au fond de laquelle vous placerez une assiette retournée (pour que le sable glisse dessous). Au printemps, il est préférable de parsemer le velouté de fleurs de romarin, dont le bleu sera du plus bel effet.

 *À vos fourneaux*

1 Mettez les coques à dégorger dans de l'eau salée au moins 1 h à l'avance. Ôtez les feuilles du chou-fleur, coupez les efflorescences, lavez-les et gardez-en 500 g. Faites bouillir le litre d'eau, salez et mettez-y à cuire le chou-fleur réservé pendant 20 min : attention, c'est lorsqu'il est trop cuit que le chou-fleur dégage des arômes désagréables. Une fois cuit, mixez-le dans son eau de cuisson.

2 Rincez les coques dans plusieurs eaux pour être sûr d'éliminer tout le sable. Faites-les ouvrir à feu vif dans une casserole dans laquelle vous aurez versé un verre d'eau. Réservez l'eau de cuisson et sortez les coques de leurs coquilles. Ajoutez le jus de cuisson des coques et la crème fraîche au velouté de chou-fleur. Assaisonnez et portez à ébullition.

3 Pendant que le velouté se réchauffe, hachez finement les aiguilles de romarin. Mettez les coques au fond de la soupière et versez dessus le velouté de chou-fleur bouillant. Parsemez la surface de romarin haché.

LE POTAGER

LES LÉGUMINEUSES

Dans votre cabas
L'arrivée des petits pois est le signe du printemps. Un petit pois à écosser de première catégorie doit présenter une gousse fraîche et gonflée, non parcheminée, munie de son pédoncule et contenant au moins 5 grains, bien verts, fermes et juteux.

La fève paraît sur les marchés dès le mois de mars, et jusqu'en juillet. Elle doit avoir une gousse verte et ferme, non tachée. La fève étant bonne très jeune, elle n'a pas à être extrêmement renflée. En revanche, pour la fabada, attendez sa maturité.

Les haricots arrivent un peu plus tard, mais on peut en trouver dès juillet et jusqu'à la Toussaint. Il en existe différentes variétés cocos et michelets sont les plus consommées frais ; flageolets et lingots le sont davantage secs.

Dans votre assiette
Les petits pois exprimeront toutes leurs qualités préparés à l'étuvée. Ils s'associent bien avec les légumes nouveaux (carottes, fèves, asperges) ; l'amertume de la salade cuite met en valeur leur saveur sucrée ; jambon cru et lard leur vont très bien.

Les fèves, jeunes, sont délicieuses crues, à la croque au sel (avec pain et beurre frais salé ou huile d'olive) ou peu cuites. Plus mûres, on les cuira à l'eau ou à l'étouffée. On en fait également d'excellentes purées. N'oubliez pas d'ôter la peau épaisse, protectrice, qui enveloppe les grains. À cru, cela demande un peu plus de patience qu'ébouillantées, mais c'est bien meilleur. La sarriette les rendraient plus digestibles.

Les haricots à écosser frais se cuisent à l'eau mais seront heureux d'un mouillement plutôt court (quitte à ajouter un peu de liquide). Le jambon, le lard (un peu rancis) le thym, la sarriette et le romarin, leur vont bien.

Dans votre estomac
Ces légumineuses, consommées fraîches, sont sur l'échiquier nutritionnel à mi-chemin entre légumes verts et secs. Moins caloriques que ceux-ci, elles contiennent cependant moins d'eau que ceux-là. Riches en protéines, en sucres lents, en fibres, en zinc et en fer, en vitamines (B, E, C et provitamine A), ce sont de parfaits aliments…

Dans votre garde-manger
La fraîcheur est l'intérêt de ces légumes ! Cependant, on peut les garder deux jours dans le bac à légumes du réfrigérateur. Avec leur cosse pour les petits pois et les fèves, sans pour les haricots (elle pourrit très vite).

LES LÉGUMINEUSES

Fabada

Pour 4 personnes :
1,5 kg de fèves
1 l de bouillon • 2 oreilles de porc demi-sel
150 g de poitrine de porc demi-sel • 150 g de chorizo fort en un morceau
1 gousse d'ail • 1 botte de coriandre

Temps de réalisation :
3 h, dont 45 min d'exécution

Vins :
un vin de Touraine issu du cabernet franc, plutôt jeune (Château du Petit-Thouars), pour ses arômes fruités mais aussi pour sa robustesse.

Plat espagnol originaire des provinces cantabriques (celles du nord-ouest du pays). Traditionnellement, il peut se préparer avec des fèves aussi bien fraîches que sèches mais il est vrai qu'au printemps et au début de l'été, il est particulièrement délicieux.
Ce plat est très proche de ce qu'était le cassoulet languedocien avant l'apparition des haricots (depuis, le cassoulet est devenu un peu plus complexe) et, peut-être est-ce même son ancêtre ?
Les oreilles de porc offrent une consistance tout à fait particulière grâce à la gélatine qu'elles apportent. S'il n'y a pas assez de bouillon pour bien couvrir les ingrédients, vous pouvez compléter avec un peu d'eau.

À vos fourneaux

1 Écossez les fèves et ôtez leur seconde peau en vous aidant d'un petit couteau pointu. Épluchez la gousse d'ail, hachez-la finement et réservez. Effeuillez, ciselez la coriandre et réservez. Rincez sous le robinet la poitrine demi-sel et les oreilles de porc : en général, cela suffit (renseignez-vous auprès de votre charcutier). Taillez la poitrine en petits morceaux ; taillez les oreilles en lanières ; taillez le chorizo en tranches de 1 cm d'épaisseur.

2 Dans une casserole, réunissez tous les ingrédients excepté le chorizo et la coriandre : les fèves, l'ail haché, la poitrine et les oreilles de porc en morceaux ; couvrez avec le bouillon froid et portez à ébullition. Laissez mijoter 2 h à petit bouillon.

3 Passé ce laps de temps, ajoutez le chorizo et la coriandre ciselée, et laissez cuire encore 15 min. Égouttez et servez bien chaud.

LE POTAGER

GALIMAFRÉE

Pour 4 personnes :
1 tranche de jambon
de Bayonne un peu épaisse
150 g de beurre
12 petits oignons
12 petites carottes
4 petits artichauts « camus »
1 petit cœur de laitue
150 g de fèves écossées
(soit un peu moins de
500 g entières)
200 g de petits pois écossés
(soit 300 g entiers)
12 petites pointes d'asperge
3 dl de bouillon
1 petit bouquet de sarriette
1 citron
sel et poivre

Temps de réalisation :
1 h, dont 45 min d'exécution

Vins :
un gamay de Touraine,
vif et fruité

Un plat qui nous vient, non pas de la nuit des temps, mais d'il y a fort longtemps : la Renaissance, peut-être même le Moyen Âge quoiqu'il n'y ait pas eu d'artichauts en France à cette époque, ni même de petits pois... Mais c'est le genre de recettes que l'on peut faire évoluer au fil de la saison et qui trouve ses racines loin dans le passé. Un vrai plaisir du printemps, en tous cas, lorsque apparaissent les légumes nouveaux.
Le bouillon utilisé peut être de volaille, de bœuf (plutôt léger, dans ce cas), ou de légumes. De toute façon, l'association jambon rissolé-laitue braisée apportera un goût délicieux à l'ensemble. Conduisez la cuisson à feu doux : les légumes doivent être fondants, pas réduits en marmelade. Enfin, si l'on ne trouve pas de sarriette, on peut la remplacer par un petit bouquet de thym (mais attention, l'arôme de celui-ci peut vite devenir envahissant).

LES LÉGUMINEUSES

À vos fourneaux

1 Préparez tous les légumes : épluchez les oignons, grattez les petites carottes, enlevez les feuilles et le foin des artichauts, parez les fonds avec un petit couteau et coupez-les en quatre, nettoyez la laitue et coupez-la en quatre également, écossez fèves et petits pois ; réservez chacun séparément (les fonds d'artichaut dans de l'eau citronnée pour éviter qu'ils ne noircissent). Coupez la tranche de jambon en lanières.

2 Beurrez grassement le fond d'une cocotte et mettez-y les lanières de jambon, les carottes, les oignons, les fonds d'artichaut, la laitue. Mouillez avec le bouillon et ajoutez le bouquet de sarriette. Portez à ébullition, couvrez et laissez mijoter doucement 10 min. Ajoutez alors les petits pois, les fèves et les pointes d'asperge. Laissez cuire encore 10 min.

3 Retirez le bouquet de sarriette, assaisonnez et liez avec le beurre restant en tournant délicatement pour ne pas abîmer les légumes.

LE POTAGER

HARICOT DE MOUTON

Pour 4 personnes :
500 g de collier de mouton
500 g de flageolets verts
100 g de petits oignons
2 carottes • 4 gousses
d'ail avec leur peau
2 c. à s. de concentré de
tomate • 1/2 l de bouillon
1 c. à s. de graisse d'oie
1 petit saucisson à l'ail
1 petit bouquet garni

Temps de réalisation :
1 h 30 min, dont 20 min
d'exécution
trempage des haricots,
la veille

Vins :
un madiran
(Montus-Bouscassé)
pour sa charpente et
sa puissance

Il semble que l'on ait ainsi nommé ce plat avant même que l'on connaisse les haricots ! En effet, ceux-ci sont arrivés en Europe après la découverte du Nouveau Monde mais un vieux mot français, très proche phonétiquement et qui signifie « coupé en morceaux », avait servi à désigner la recette, qui se préparait alors avec d'autres légumes. La confusion s'est établie et, depuis, le haricot de mouton est aux haricots… On ne s'en plaindra pas car on connaît l'affinité de ceux-ci pour la chair de celui-là. Le plat est donc devenu un grand classique depuis des générations et des générations. L'un des nombreux ragoûts qui constituent le trésor des cuisines régionales… Il n'est pas très éloigné de certaines versions du cassoulet et donc de la fabada de la recette précédente.

160

LES LÉGUMINEUSES

À vos fourneaux

1 Faites tremper les flageolets à l'eau froide pendant toute une nuit. Le jour même, égouttez les haricots et mettez-les cuire à l'eau froide non salée. Comptez 30 min à partir de l'ébullition.

2 Épluchez les oignons et les carottes, coupez ces dernières en rondelles. Dans une cocotte en fonte ou, mieux, dans une marmite en terre, faites chauffer la graisse d'oie et, lorsqu'elle est bien chaude, faites-y revenir les morceaux de mouton. Ajoutez les oignons et les gousses d'ail dans leur peau, puis mouillez avec le bouillon. Ajoutez alors les carottes en rondelles et le concentré de tomate. Laissez cuire également 30 min, à petit bouillon, à partir de la prise d'ébullition.

3 Après ce laps de temps, passez les haricots et réservez un peu de leur eau de cuisson qui pourra servir à allonger le mouillement plus tard. Ajoutez-les à la viande avec le saucisson coupé en tranches épaisses. Couvrez et laissez encore cuire 45 min en veillant à ce qu'il y ait toujours assez de liquide (s'il venait à manquer, ajoutez un peu d'eau de cuisson des haricots). Servez dans le récipient de cuisson.

LES BULBES
(OIGNONS, AIL, ÉCHALOTE, POIREAU)

Dans votre cabas

Les oignons peuvent être consommés frais, demi-secs ou secs : tout dépend de la saison et de leur usage. Les oignons blancs frais doivent être bien brillants avec une tige bien verte. Secs, ils doivent être fermes sous la pression du doigt, de forme régulière, sans germe ni tige creuse et dure. L'échalote existe sous trois formes : la grise, la plus parfumée et la plus piquante, à la peau mate et très dure, et à la chair bien violette. Saisonnière et difficile à conserver, on la trouve à la fin de l'été et durant l'automne. L'échalote rouge (ou rose) a la peau cuivrée et la chair rose. Elle peut être ronde – l'échalote classique – ou longue, plus douce, dite cuisse de poulet. À acheter comme l'oignon.

L'ail, rose ou blanc, doit être acheté bien sec, bien ferme, sans germes ni taches. Il est souvent vendu en tresses, mais il faut être sûr de sa qualité, en particulier de son séchage.

Le poireau est plutôt une plante d'automne et d'hiver, mais certaines espèces venant également au printemps, il est disponible toute l'année. Le blanc d'un beau poireau doit représenter la moitié de la partie « tubulaire ». Il doit être bien ferme, sans parties abîmées ou sèches.

Dans votre assiette

Les bulbes se consomment aussi comme légumes : compote ou purée d'oignons, échalotes confites. L'ail cuit en chemise est un accompagnement délicieux pour poissons, gigot d'agneau, etc. Le poireau est le légume de la soupe, mais il est excellent en « fondue » ou cuit à l'eau.

Dans votre estomac

Peu énergétiques, oignon et échalote sont une bonne source de vitamines C et du groupe B (B1, B2). L'oignon est nettement diurétique et a des vertus hypoglycémiantes (faisant tomber le taux de glucose dans le sang).

L'ail semble avoir de grandes vertus pour la circulation sanguine (il fait tomber le taux de cholestérol) et l'antisepsie.

Le poireau est particulièrement riche en eau et il est très diurétique !

Dans votre garde-manger

Ail, oignon et échalote se conservent dans des endroits frais et secs, de préférence bien aérés, pendant plusieurs semaines, voire des mois. Quant au poireau, quelques jours dans le bac à légumes du réfrigérateur...

LES BULBES

Soupe de lait à l'oignon

Pour 4 personnes :
1 l de lait entier
50 g de beurre
500 g d'oignons
1 pomme fruit
1 côte de fenouil avec sa tige
sel et poivre

Temps de réalisation :
45 min, dont 30 min d'exécution

Vins :
un xérès fino

L'association du lait et des oignons doucement revenus au beurre est délicieuse. Dans cette adaptation moderne d'une recette traditionnelle bretonne, la pomme et le fenouil viennent apporter de la fraîcheur. Le lait doit impérativement être entier (et si vous trouvez du lait cru, la recette n'en sera que meilleure grâce à la peau qui se forme au cours de la cuisson).

 *À vos fourneaux*

1 Épluchez et émincez les oignons. Pelez la pomme, ôtez-lui le cœur et taillez-la en gros dés. Émincez le fenouil. Dans une casserole, faites fondre le beurre et mettez-y l'oignon à suer. Ajoutez la pomme et le fenouil et cuisez le tout jusqu'à légère coloration.

2 Mouillez avec le lait et laissez cuire à petits frémissements pendant 15 min. Assaisonnez, mixez puis passez au chinois. Servez avec des croûtons.

LE POTAGER

GALETTE D'OIGNON

Pour 4 personnes :
4 galettes de blé noir
2 gros oignons
50 g de beurre
1 oreille de porc
1 c. à s. de moutarde
1 c. à s. d'huile
sel et poivre du moulin

Temps de réalisation :
1 h, dont 30 min d'exécution

Vins :
un corbières rouge
(Château Le Parc)

Les crêpes et les galettes sont devenues aujourd'hui le symbole même de la Bretagne. Il est vrai que cette forme très ancienne de consommer les céréales a traversé les siècles, dans cette région, de façon presque inchangée. À l'origine, avant que l'on ne découvre l'usage des levures, elles remplaçaient le pain. Il n'y a pas si longtemps encore, on préparait les krampouezh *(« les crêpes ») une fois par semaine et, lorsqu'elles devenaient trop rassises, elles servaient à tremper la soupe.
Il est tout à fait traditionnel de les farcir : œufs sur le plat, lard, saucisse grillée, rondelles d'andouille. Ici, la farce allie deux produits chers au cœur des Bretons : le porc salé et les oignons.*

 *À vos fourneaux*

1 Épluchez les oignons et émincez-les finement. Rincez l'oreille de porc sous le robinet d'eau froide et coupez-la en petits dés. Dans une casserole, faites fondre le beurre et mettez-y à compoter les oignons, à couvert, pendant 20 min. Veillez à ce qu'ils n'attachent pas. Ajoutez les dés d'oreille de porc. Mélangez soigneusement et assaisonnez.

2 Préchauffez le four à 180 °C (th. 6). Étalez les galettes bien à plat et répartissez sur chacune d'elles (bien au centre) la compote d'oignon. Repliez les galettes en portefeuille, retournez-les pour qu'elles présentent leur face lisse sur le dessus et posez-les sur une grille à pâtisserie.

3 Mélangez soigneusement la moutarde et l'huile et tartinez-en le dessus des galettes. Enfournez pour 15 min. Servez bien chaud avec une bonne salade frisée bien assaisonnée.

LES BULBES

ENTRECÔTE À LA BORDELAISE

Pour 4 personnes :
2 belles entrecôtes de 500 g chacune
5 échalotes
4 os à moelle
1 petite botte de ciboulette
sel de Guérande
et poivre du moulin

Temps de réalisation :
30 min (entièrement d'exécution)

Vins :
évidemment un pauillac, et de préférence entre tous un Château Lynch-Bages puisque la recette vient de là

*Cette recette est celle des vignerons du Château Lynch-Bages. Difficile de faire plus authentique ! La cuisson des entrecôtes est de 3 minutes sur chaque face pour une entrecôte saignante mais tout dépend bien sûr de son épaisseur… Indispensable, le temps de repos qui permet à la viande de se détendre et au jus d'affluer à la périphérie. L'échalote doit être ciselée assez fin pour ne pas devenir envahissante, cuire un peu au contact de la viande chaude et faire juste des éclats de saveur à sa surface.
Les sarments de vigne ne sont pas forcément la chose la plus simple à trouver (tout dépend de la région où vous habitez) mais ils apportent une saveur assez inimitable. Peut-être la véritable touche bordelaise ?*

À vos fourneaux

1 Dans une casserole, faites bouillir de l'eau et, en la gardant frémissante, mettez-y à pocher les os à moelle pendant 10 min. Récupérez délicatement égouttée la moelle des os dans un petit bol.

2 Épluchez et ciselez les échalotes. Ciselez également la ciboulette. Ajoutez le tout à la moelle et malaxez le tout à la fourchette pour obtenir une pommade bien amalgamée.

3 Allumez un feu de sarments de vigne et attendez d'avoir une jolie braise. Grillez dessus les entrecôtes comme vous les aimez. Laissez-les reposer au chaud 10 min environ. Tartinez alors les entrecôtes de la pommade à la moelle, assaisonnez de fleur de sel et de gros poivre et tranchez-les devant les convives.

LE POTAGER

LA POMME DE TERRE

Dans votre cabas

Les variétés de pommes de terre se comptent par milliers. Des classifications commandent l'usage que l'on en fait : il existe ainsi des « primeur », les premières produites localement (en France, entre le 1er mai et le 31 juillet), des « nouvelles », toutes celles qui sont ramassées avant complète maturité. Les primeurs, comme toutes les nouvelles en général, sont excellentes cuites à l'eau ou à la vapeur avec la peau, mais inutile d'essayer d'en faire des purées ou des frites, qui réclament l'amidon d'un tubercule arrivé à maturité. Après, c'est affaire de goût et de disponibilité, car il semble que la mode règne aussi chez les pommes de terre. Une chose est sûre, les pommes de terre produites au bord de la mer sont excellentes !

Dans votre assiette

Les pommes de terre cuites avec la peau ont meilleur goût qu'épluchées. Mais on n'a pas toujours envie de se brûler les doigts ! Une bonne solution consiste à les laver soigneusement, à les éplucher en faisant des rubans assez grands, et à les cuire à l'eau avec ceux-ci (ou, à la vapeur, sur un lit de pelures). Par ailleurs, celles-ci peuvent être mangées pour « elles-mêmes » : elles sont délicieuses frites. Pour la cuisson à l'eau, commencez à froid, la pomme de terre ayant besoin de monter progressivement en température pour cuire de façon homogène. Au four (ou au micro-ondes) avec la peau, piquez la pomme de terre pour éviter qu'elle n'éclate. Si vous ne les pelez pas, retirez les germes ou les yeux et les parties vertes : ils contiennent de la solanine…

Dans votre estomac

La pomme de terre est un excellent aliment (elle contient environ 20 % de glucides), riche en diverses vitamines (principalement dans la peau : C, conservée pas trop longtemps, et B6), en minéraux, surtout en potassium, mais aussi en fer, en cuivre, en magnésium. Enfin, c'est l'assaisonnement – la pomme de terre appelle le gras – qui la rend calorique : elle ne contient que 80 à 90 calories pour 100 g.

Dans votre garde-manger

Les pommes de terre se conservent dans un endroit frais (mais pas froid), sec, sombre, bien aéré. Nouvelles, elles se garderont une semaine (pas au trop grand froid : la pomme de terre déteste ça, elle se ramollit). Cuites, les pommes de terre se conservent assez mal. Attention à leur voisinage : cuites ou crues, les pommes de terre absorbent facilement les parfums…

Purée de pommes de terre

Pour 4 personnes :
1 kg de pommes de terre
25 cl d'huile d'olive ou 250 g de beurre, ou moitié de l'un, moitié de l'autre
15 cl de lait
sel

Temps de réalisation :
45 min environ, dont 25 min d'exécution

Vins :
tout dépend du plat que la purée accompagne !

Beurre au nord, huile d'olive au sud, et toutes autres matières grasses entre les deux, la purée de pommes de terre est universelle. Plus que la variété de pommes de terre, c'est la façon dont elles sont cultivées qui importe : il est difficile de rater une purée avec une pomme de terre bio, en revanche, si elles sont poussées aux engrais, on peut être sûr d'obtenir une purée collante...

Une bonne purée se fait entièrement à la main : toute tentative d'utiliser des appareils électriques se solde, en général, par un échec... Le moulin à légumes est le meilleur ustensile pour écraser les pommes de terre. Si l'on aime la purée très fine, on peut ensuite la passer au tamis fin, en s'aidant d'un pilon. Mais de toutes façons, il faut bien la tourner à la cuiller en bois pour terminer, afin de la rendre légère.

À vos fourneaux

1 Épluchez et cuisez les pommes de terre à l'eau salée en démarrant à l'eau froide. Puis égouttez-les et passez-les au moulin à purée.

2 Travaillez la purée obtenue sur le feu, à la spatule, pour la dessécher un peu. Ajoutez le beurre ou l'huile par petites quantités.

3 Faites bouillir le lait et ajoutez-le bouillant à la purée en travaillant énergiquement pour bien l'aérer. Rectifiez l'assaisonnement.

LE POTAGER

Blanquette de pommes de terre

Pour 6 personnes :
30 petites pommes
de terre « grenaille »
6 petits poireaux « crayon »
2 dl de bouillon
2 dl de crème fraîche
1 botte de ciboulette
sel et poivre du moulin

Temps de réalisation :
30 min, dont un peu plus
de 15 min d'exécution

Vins :
un cru du Beaujolais, un
morgon (Marcel Lapierre,
l'un des vignerons qui a
redonné ses lettres de
noblesse à ce vignoble)

Une association ô combien classique que celle des poireaux et des pommes de terre. Mais ici elle est un peu renouvelée dans cette « blanquette »... Il est important de choisir les poireaux petits pour qu'ils cuisent rapidement : c'est un légume qui ne supporte pas de ne pas être fondant. Ils parfument délicieusement le mélange crème-bouillon, qui réduit en cuisant et devient une sauce liée et onctueuse.
Un plat simple et facile à réaliser, rapide et savoureux, à marier avec un vin lui aussi sans prétention. Malgré tout, la liaison à la crème nécessite une certaine rondeur et une certaine longueur, d'où le choix d'un cru du Beaujolais, plus riche et corpulent qu'un simple beaujolais-villages.

 À vos fourneaux

1 Lavez les pommes de terre. Nettoyez et lavez les poireaux puis coupez-les en tronçons de la même taille que les pommes de terre. Mettez poireaux et pommes de terre dans une casserole. Ajoutez la crème et le bouillon. Salez légèrement et portez à ébullition. Couvrez et laissez cuire à petit frémissement pendant 15 min.

2 Ciselez la ciboulette. Après 15 min, les pommes de terre sont cuites à point et tout enrobées de sauce. Rectifiez l'assaisonnement, poivrez et ajoutez la ciboulette. Servez bien chaud.

LA POMME DE TERRE

RAGOÛT DE POMMES DE TERRE

Pour 4 personnes :
1 kg de pommes de terre
700 g de viande froide
(jambon, poulet, rôti froid)
200 g de chorizo
100 g de fromage râpé
huile d'olive
sel et poivre

Temps de réalisation :
2 h, dont 30 min d'exécution

Vins :
un médoc assez simple
(Château La Tour Haut-Caussan)

Ce plat typique de la côte atlantique peut se préparer de différentes façons et l'on peut remplacer les ingrédients par d'autres équivalents : l'important ce sont les pommes de terre !
On peut ainsi utiliser du beurre ou du saindoux à la place de l'huile d'olive ; du bacon ou de la poitrine fumée à la place du chorizo. Le fromage peut être du cheddar, du fromage de brebis ou du fromage des Açores. La viande peut être remplacée par du thon.

À vos fourneaux

1 Pelez, lavez et coupez les pommes de terre en rondelles de 1 cm d'épaisseur. Hachez grossièrement la viande au couteau. Coupez le chorizo en rondelles.

2 Préchauffez le four a 180 °C (th. 6). Huilez un plat allant au four et garnissez-en le fond avec la moitié des tranches de chorizo. Couvrez d'une couche de pommes de terre et parsemez de la moitié du fromage râpé. Étalez la viande grossièrement hachée et parsemez-la de l'autre moitié du fromage. Puis ajoutez le reste des pommes de terre en glissant entre elles les tranches de chorizo restant. Assaisonnez et arrosez d'un filet d'huile d'olive.

3 Couvrez le plat (avec une feuille d'aluminium si c'est un plat à gratin, mais vous pouvez utiliser une cocotte) et mettez au four pendant 1 h 30.

LE POTAGER

TORTILLA

Pour 4 personnes :
5 pommes de terre moyennes
1 oignon
8 œufs
10 cl d'huile d'olive
sel et poivre

Temps de réalisation :
45 min, dont un peu moins de 30 min d'exécution

Vins :
un rioja jeune

*La tortilla de patatas (« la tortilla aux pommes de terre », car il en existe différentes sortes, en particulier l'une à la morue et aux oignons) est un casse-croûte classique espagnol. Faute d'autres mots, on traduira par omelette aux pommes de terre mais cela n'a rien à voir avec une omelette à la française (elle n'est jamais « baveuse » et se présente plutôt sous forme de galette, d'où son nom, qui vient de torta, « tourte »)… Pommes de terre et oignons doivent être bien cuits pour se défaire complètement sous la spatule, mais sans dorer : c'est la condition pour avoir une tortilla sèche, mais parfaitement moelleuse. L'huile d'olive peut être assez fruitée, si vous n'en craignez pas le goût. En tous cas, il est impensable d'utiliser une autre matière grasse !
La tortilla se sert aussi bien chaude que froide (délicieuse alors – et pratique – pour les pique niques).*

170

À vos fourneaux

1 Épluchez, lavez et émincez finement les pommes de terre. Épluchez et émincez l'oignon. Dans une poêle assez grande pour contenir toute la tortilla, faites chauffer l'huile d'olive et mettez-y à revenir les pommes de terre et l'oignon émincés. Cuisez le tout très doucement. Quand ils sont fondants, mélangez le tout avec la spatule pour émietter les légumes. Égouttez le mélange dans une passoire et récupérez l'huile.

2 Cassez les œufs dans une jatte assez grande, assaisonnez et battez-les à la fourchette. Ajoutez le mélange de pommes de terre et d'oignon. Reprenez la poêle et mettez-y à chauffer suffisamment de l'huile récupérée pour bien graisser le fond. Quand elle est chaude, versez-y le mélange et couvrez.

3 Lorsque le mélange a pris, retournez la tortilla en vous aidant du couvercle. Lorsqu'elle est bien dorée sur la seconde face, faites-la glisser sur un plat.

LE POTAGER

LES RACINES
(CAROTTES, NAVETS, RUTABAGAS)

DANS VOTRE CABAS

Les carottes apparaissent sur les marchés dès avril et jusqu'à juillet : elles sont alors primeurs. La pleine saison débute avec l'été et se poursuit jusqu'en novembre. Mais, la carotte se conservant bien dans le sable, on en trouve jusqu'au printemps. Le cycle est alors bouclé. Les variétés sont nombreuses, de formes et de saveurs assez différentes, mais sans son propre potager, il est difficile de choisir.

Il existe différentes formes de navet : des longs, des demi-longs, des ronds et des aplatis ! En France, on n'est pas très habitué à en manger les fanes, qui sont pourtant excellentes quand elles proviennent de jeunes spécimens. C'est un peu la règle pour le navet : vieux, il risque souvent d'être dur et ligneux. Après une longue période d'ostracisme dû à la guerre, le rutabaga, le chou-navet, refait timidement son apparition sur les marchés, en hiver. Il vaut mieux les choisir petits : gros, ils risquent d'être fibreux.

DANS VOTRE ASSIETTE

La carotte est un merveilleux légume à tout faire. Elle s'accommode de multiples façons : crue, bouillie, cuite à la vapeur, étuvée, en ragoût. Mais c'est aussi un aromate de base indispensable aux divers pot-au-feu et aux fonds de braisage. Jeunes, les carottes se contentent d'être essuyées ou grattées. Les plus vieilles, devront être épluchées, surtout si elles ne proviennent pas de l'agriculture biologique.

Les fanes de navet sont délicieuses, soit dans les soupes soit sautées à la poêle, tandis que celles du rutabaga ne sont pas franchement comestibles (trop dures).

DANS VOTRE ESTOMAC

Ces légumes sont peu caloriques (entre 27 et 45 calories pour 100 g) et, curieusement, quoique offrant le goût le plus « sucré », c'est la carotte qui contient le moins de glucides. La carotte est une excellente source de vitamine A (cuisse rose et vue perçante !) et du potassium.

DANS VOTRE GARDE-MANGER

Les carottes se conservent bien dans le sable mais, de façon plus pratique, elles acceptent très bien (deux ou trois semaines) le réfrigérateur. Les fanes aident à la conservation. Navets et rutabagas, eux, seront privés des leurs, assez fragiles.

172

Salade de carottes

Pour 4 personnes :
750 g de carottes
3 topinambours
1 pomme fruit
huile d'olive
eau de fleur d'oranger
quelques gouttes de jus de citron
sel et poivre du moulin

Temps de réalisation :
20 min (entièrement d'exécution)

Vins :
de l'eau : aucun vin ne peut résister aux topinambours crus, au citron et à la fleur d'oranger

Le topinambour, de la même famille que le tournesol, est pauvre en amidon et en protéines. Il a un goût proche de celui de l'artichaut et peut-être utilisé comme celui-ci (et comme lui, il noircit au contact de l'air : il convient donc de le citronner).

À vos fourneaux

1 Épluchez les carottes, les topinambours, la pomme et râpez-les à la main ou à l'aide d'un robot.

2 Assaisonnez selon votre goût d'huile d'olive, d'eau de fleur d'oranger et de quelques gouttes de jus de citron, d'un peu de sel et de poivre du moulin. Servez bien frais.

LE POTAGER

DAUBE DU BÉARN

Pour 4 personnes :
1 kg de bœuf à braiser en
8 morceaux d'environ 125 g
5 échalotes
5 oignons moyens
150 g de poitrine de porc
demi-sel
150 g de jambon de Béarn
en une seule tranche
1 kg de carottes
1 c. à s. de farine
1 l de vin rouge du Béarn
50 g de beurre
un bouquet garni

Temps de réalisation :
4 h 45 min, dont 45 min
d'exécution

Vins :
un irouléguy rouge (la
cuvée Bixintxo du Domaine
Ilarria)

L'estouffat (prononcez le « t » final), ou estoube, ou encore daube de la Saint-André, ainsi appelée parce qu'elle annonçait autrefois le retour de l'hiver (la Saint-André a lieu le 30 novembre) et de ses plats mijotés, est commune à toute l'Aquitaine et aux premiers contreforts des Pyrénées : elle contient toujours des carottes et des oignons, toujours du jambon et un vin rouge corsé pour le braisage. Traditionnellement, elle était servie avec la « cruchade », cette fois salée, une bouillie de maïs qui ressemble comme une sœur à la polenta, ou avec des « miques », des boulettes de maïs pochées à l'eau ou au bouillon « (comme dans la « soupe linquisa »... la cuisine a du mal certaines fois à reconnaître les frontières) ».

LES RACINES

À vos fourneaux

1 Préparez tous les ingrédients : épluchez et coupez les carottes en rondelles. Épluchez et coupez oignons et échalotes en 8 morceaux. Rincez sous l'eau froide la poitrine de porc et coupez-la en lardons. Coupez de même le jambon en dés.

2 Dans une cocotte en fonte, faites fondre le beurre à feu pas trop vif et mettez-y à revenir lardons et dés de jambon. Quand ils sont bien dorés, retirez-les à l'écumoire et réservez. Dans la graisse, faites revenir oignons et échalotes en morceaux puis, lorsqu'ils sont bien dorés, ajoutez les cubes de bœuf. Faites les revenir sur toutes leurs faces puis ajoutez les lardons et le jambon.

3 Saupoudrez le tout avec la farine et mélangez bien à l'aide de la cuiller pour que la farine roussisse un peu, puis mouillez avec le vin rouge versé d'un seul coup. Ajoutez alors les carottes en rondelles et le bouquet garni. Assaisonnez et amenez à ébullition.

4 Lorsque le vin se met à bouillir, couvrez, baissez le feu au minimum et laissez cuire pendant 4 h (si vous avez une cuisinière à gaz, l'idéal est d'utiliser un diffuseur ; avec des plaques électriques, réglez-les pour maintenir juste l'ébullition à tout petit bouillon). Après ce laps de temps, retirez le bouquet garni et servez dans un plat creux bien chaud.

Le potager

Pieds de porc aux feuilles de navet

Pour 4 personnes :
4 pieds de porc frais
bouillon légèrement salé
50 g de beurre • 1 botte de
petits navets avec beaucoup
de feuilles • 150 g de chorizo
10 petits oignons
5 carottes

Temps de réalisation :
4 h 45 min, dont 45 min
d'exécution

Vins :
un vin rouge portugais,
plutôt tannique (Colares)

Le navet est de la même famille que le chou ou la roquette : quoi d'étonnant alors que ses feuilles soient comestibles ? Dans cette recette d'origine portugaise, elles ont un rôle primordial et apportent leur saveur relevée (le plat est extrêmement goûteux et appelle un vin charpenté).
Pour cuire les pieds de porc, employez un bouillon de légumes léger : une carotte, un poireau, un oignon, une ou deux feuilles de céleri…

À vos fourneaux

1 Cuisez les pieds de porc dans le bouillon frémissant pendant 2 h 30, puis éteignez le feu et laissez-les refroidir dans leur cuisson. Lorsqu'ils sont froids, désossez-les.

2 Épluchez tous les légumes en gardant les feuilles de navets, que vous nettoierez et laverez. Égouttez-les et épongez-les dans un torchon. Coupez les carottes en rondelles et le chorizo en tranches.

3 Dans une cocotte, faites fondre le beurre et mettez les fanes à revenir. Lorsqu'elles sont « tombées », ajoutez les morceaux de pied de porc et mouillez à hauteur avec leur eau de cuisson. Ajoutez les oignons, les navets, les carottes en rondelles et les tranches de chorizo. Complétez le liquide, qu'il soit juste recouvert. Vérifiez l'assaisonnement. Attention au sel : le chorizo et le bouillon de cuisson sont déjà salés.

4 Couvrez et laissez cuire pendant 1 h à feu doux à petit bouillon. Servez bien chaud.

Rutabaga en melon

Une façon excitante (et particulièrement goûteuse) de redécouvrir ce légume, qui a beaucoup souffert, comme le topinambour, de son image de légume de disette ou de famine.

Pour 4 personnes :
1 rutabaga de 600 g • 200 g de chair d'agneau 100 g de poitrine de porc • 1 oignon • 1 poivron rouge • 50 g de raisins secs • 125 g de pruneaux • 2 dl de bouillon de volaille os d'agneau • 2 c. à s. d'huile d'olive • sel et poivre du moulin • noix de muscade ficelle de cuisine

Temps de réalisation :
un peu plus de 1 h 45 min, dont un peu plus de 45 min d'exécution

Vins :
un vouvray demi-sec (Foreau)

 À vos fourneaux

1 Épluchez le rutabaga, coupez-le en deux et creusez chaque moitié à l'aide d'une cuiller. Faites bouillir de l'eau dans une marmite et mettez-y à cuire pendant 15 min les deux moitiés de rutabaga. Lorsqu'il est cuit, rafraîchissez-le à l'eau froide. Pendant ce temps, épluchez le poivron et l'oignon et taillez-les en brunoise (en tous petits dés). Dans une poêle, faites chauffer l'huile d'olive et mettez-y la brunoise à revenir à feu doux pendant 10 min. Débarrassez dans un bol.

2 Préchauffez le four à 180 °C (th. 6). Hachez les viandes de porc et d'agneau au hachoir à grille fine. Ajoutez-les à la brunoise de poivron et d'oignon, ainsi que les raisins et les pruneaux dénoyautés et coupés en morceaux. Assaisonnez de sel, de poivre du moulin et d'une bonne râpée de muscade. Avec le mélange remplissez les deux moitiés de rutabaga, assemblez-les pour reconstituer le légume et maintenez le tout avec quelques tours de ficelle.

3 Posez le rutabaga farci dans une cocotte, ajoutez autour les os d'agneau, mouillez avec le bouillon de volaille et couvrez. Enfournez pour 1 h et veillez à arroser fréquemment. Après ce laps de temps, vérifiez l'assaisonnement du jus de cuisson et servez accompagné d'une bonne salade.

LES CHAMPS

LES CHAMPS

Un peu d'histoire

La « domestication », la mise en culture, d'une toute petite partie de l'immense famille des graminées est l'un des fondements de l'histoire de l'humanité. Chaque continent, ou sous-continent, a découvert sa propre céréale, mais trois dominent nettement : le blé, le riz et le maïs. Le blé est la céréale de l'Eurasie : né quelque part entre Inde et Méditerranée, là où surgit également notre civilisation, il a accompagné son essor quasiment depuis les origines, suivant les courants migratoires et civilisateurs, repoussant d'autres graminées, plus disgraciées, qui avaient été cultivées auparavant pour leur capacité d'adaptation ou leur plus grande facilité.

C'est le cas de l'avoine et de l'orge, qui s'accommodaient de sols pauvres et de climats rigoureux. Mais également du sarrasin, qui n'est pas à proprement parler une céréale – il appartient à une famille proche, celle des polygonacées –, et qui présente le défaut de ne pas être panifiable. On mélangeait les farines de ces trois graminées à celle de froment lorsque l'on en avait, pour faire du pain, sinon on en faisait des galettes et des bouillies. Les Celtes en étaient très amateurs et c'est dans les régions très marquées par cette culture qu'on les trouve encore aujourd'hui. Et où elles sont toujours traditionnellement très appréciées. L'orge, de plus, servant à préparer la bière et à élaborer le whisky.

Le riz, lui, est la céréale de tout le sud de l'Asie, de l'Inde à la Chine, mais s'est considérablement développé hors de son berceau d'origine (et ce, relativement tôt, via l'Europe), tant et si bien qu'aujourd'hui il est devenu la céréale la plus consommée au monde. La première incursion du riz en Europe serait due à Alexandre le Grand, qui le ramena de sa campagne en Perse, aux frontières de l'Inde, mais il fallut attendre les Arabes pour qu'il connaisse un véritable développement en

LES CHAMPS

Espagne et en Italie, dès le Moyen Âge (la France dut attendre Henri IV et Sully pour que des tentatives sérieuses de culture fussent initiées en Camargue). Portugais et Hollandais l'exportèrent dès le XVIe siècle en Afrique, où il existait une variété très ancienne mais moins intéressante, et au siècle suivant il atteignait le Nouveau Monde.

Le maïs était depuis fort longtemps (quelques milliers d'années) connu, cultivé et vénéré par les Amérindiens lorsque Colomb le découvrit dans les Caraïbes, il servait déjà à préparer des galettes sans doute fort proches des actuels tacos. Très prolifique, le maïs séduisit les conquistadores, qui le ramenèrent en Europe, y voyant une solution aux disettes sans nombre qui ravageaient périodiquement le Vieux Continent. Malheureusement, le maïs déçut leurs espoirs car il n'est pas panifiable (pas plus que le riz, d'ailleurs) c'est sans doute pour cette raison qu'il ne se répandit pas immédiatement à travers toute l'Europe mais resta cantonné à certaines régions, où on le consommait sous forme de bouillies.

LE POINT DE VUE DU CHEF

Si les céréales, en tant que telles, ne sont que rarement des produits de la grande cuisine ou de la cuisine bourgeoise, elles n'en sont pas moins présentes partout sous forme de pains ou de farines. Il n'en était pas de même dans la cuisine populaire traditionnelle (aujourd'hui, il est certain que leur consommation générale est en baisse), où elles étaient l'aliment de base. Associées aux légumineuses, aux produits laitiers, elles pouvaient constituer un aliment complet.

Dans les régions septentrionales de la façade atlantique, on trouve, coexistant avec l'usage du pain, une grande tradition des bouillies, que la Bretagne partage avec l'Irlande, le pays de Galles et l'Écosse. Les céréales que l'on pouvait y cultiver couramment – avoine, seigle et sarrasin –, non panifiables ou difficilement, s'y prêtaient particulièrement bien. Cela permettait aussi la confection de crêpes, de galettes, de puddings et de farz, qui restent toujours des gourmandises auxquelles on est très attaché. Plus au sud, c'est le maïs qui avait cet usage, ayant pris la place du très ancien millet (qui a laissé son nom au millas, confectionné aujourd'hui à base de maïs). Plus au sud encore, on voit très tôt apparaître le riz, qui était mal connu au nord : produit d'épicier, donc cher, les paysans le connaissaient peu même s'il pouvait entrer dans la confection d'entremets plus que de plats.

LES CHAMPS

L'AVOINE ET L'ORGE

DANS VOTRE CABAS
L'avoine était vraiment la céréale celtique, en Bretagne, en Irlande et en Écosse. L'orge était réservée aux riches propriétaires tandis que le blé nourrissait l'aristocratie. En Bretagne, l'avoine fut remplacée par le sarrasin dans nombre de ses usages. Elle sert encore à la préparation de bouillies, toujours très appréciées d'ailleurs.

L'avoine peut se présenter sous de nombreuses formes, dont évidemment la plus connue est le flocon (inventé en 1877 par la firme américaine Quaker Oat), très utilisé au petit déjeuner et dans les mueslis. Mais on peut également la trouver en grains ou en farine. En Bretagne, on trouve de la bouillie toute prête chez les crémiers et même, sous vide, aujourd'hui.

L'orge, quant à elle, se trouve en grains, en farine ou sous forme d'orge perlé. Ce dernier est obtenu par un polissage des grains qui leur donne une forme presque ronde.

DANS VOTRE ASSIETTE
L'avoine est très employée en flocons pour les petits déjeuners. Vous pouvez également recourir aux grains simplement concassés et légèrement torréfiés pour préparer, comme à l'*Auberge bretonne*, une crème aux œufs. La farine pourra être utilisée pour préparer la bouillie. À consommer lorsqu'elle vient d'être faite en lui ajoutant du beurre salé, comme autrefois dans les fermes de Bretagne, ou du miel et des fruits secs, comme en Irlande. Ou alors refroidie puis coupée en tranches et passée à la poêle (c'est délicieux). Les grains concassés de l'orge et l'orge perlé étaient utilisés sous forme de gruau, sorte de soupe très épaisse qui, paraît-il, est souveraine contre les brûlures d'estomac. Vous pourrez surtout employer l'orge perlé comme le tapioca ou les perles du Japon, pour épaissir un potage ou un bouillon. Ou tout simplement le cuire comme un riz pilaf et le servir avec un plat de viande.

DANS VOTRE ESTOMAC
L'avoine est intéressante par sa richesse en fibres, en lipides (7 %), surtout des acides gras polyinsaturés et en vitamines B1. Elle est très digestible. Le polissage des grains fait perdre à l'orge perlé une grande partie de ses qualités nutritives.

DANS VOTRE GARDE-MANGER
Tenir enfermé dans des boîtes hermétiques, dans un endroit frais et sec.

L'AVOINE ET L'ORGE

Cooki Leeki

Pour 6 personnes :
1 poule
1 pied de veau
2 carottes
2 poireaux
1 branche de céleri
1 bouquet de marjolaine
200 g d'orge perlé
gros sel

Temps de réalisation :
4 h 15 min, dont 30 min d'exécution

Vins :
une bière blonde un peu amère, une bitter si vous l'aimez

Le Cooki Leeki est un plat traditionnel irlandais qui met à l'honneur une des deux grandes céréales de l'île : l'orge (l'autre étant l'avoine). Longue cuisson mais préparation relativement courte pour un plat unique et roboratif, idéal pour l'hiver.

À vos fourneaux

1 Préparez les légumes : épluchez les carottes, nettoyez et lavez soigneusement les poireaux, effilez et lavez la côte de céleri. Dans un grand faitout, mettez à cuire la poule et le pied de veau avec les légumes et le bouquet de marjolaine, comme pour une poule au pot, en démarrant à l'eau froide.

2 À l'ébullition, commencez à écumer le bouillon et faites-le régulièrement pendant 1 h. Après ce laps de temps, ajoutez l'orge perlé, salez légèrement au gros sel, et cuisez encore pendant 2 h 30.

3 Sortez alors les légumes et la marjolaine ; sortez également la poule et le pied de veau de la marmite et désossez-les. Découpez les chairs du pied et de la poule en gros dés et mettez-les dans une grande soupière. Versez le bouillon brûlant dessus et servez aussitôt.

LES CHAMPS

BROCHETTES D'AVOINE AU LARD

Pour 48 petites brochettes :
200 g de farine d'avoine
1 l d'eau tiède
50 g de beurre
48 tranches de poitrine de porc fumée très fines
24 pruneaux
beurre pour le moule
48 grands cure-dents

Temps de réalisation :
1 h 15 min, dont 1 h de cuisson, la veille
20-30 min le jour même

Vins :
un cidre bouché sec

Depuis toujours les Bretons aiment l'avoine (le premier livre de cuisine français, le Viandier de Taillevent, *qui date de la fin du Moyen Âge, le citait déjà comme un trait distinctif). Et c'est sous forme de bouillie qu'on la consommait le plus souvent. Sa préparation demandait un grand soin : la farine d'avoine grise, (la blanche étant réservée aux animaux) était mise à tremper, tamisée, délayée de nouveau, tamisée encore, avant d'être cuite dans le chaudron, où l'on devait la touiller énergiquement... Et sans repos ! La méthode préconisée ici est incontestablement plus simple et moins fatigante. On peut retenir de la tradition le tamisage de la farine délayée : il est quasiment impossible de ne pas avoir de grumeaux.*
Ces petites brochettes, excellentes à l'apéritif, conjuguent un certain nombre d'alliances typiquement bretonnes : l'avoine et le lard, la bouillie (ou les différents farz) et les pruneaux.

L'AVOINE ET L'ORGE

À vos fourneaux

1 Dans un saladier, mettez la farine d'avoine et versez petit à petit l'eau tiède dessus en tournant bien à la cuiller pour la délayer.

2 Beurrez un moule à manqué rectangulaire (cela vous évitera d'avoir des « chutes ») d'environ 16 x 24 cm, versez-y la bouillie, qui forme une couche d'environ 2 cm. Couvrez le moule avec une feuille d'aluminium et placez-le dans un plat plus grand rempli d'eau bouillante pour un bain-marie. Mettez au four préchauffé à 150 °C (th. 5) pendant 1 h. Sortez du four et laissez reposer pendant toute une nuit.

3 Le lendemain, coupez la bouillie d'avoine en cubes de 2 cm de côté. Dénoyautez les pruneaux et coupez-les en quatre. Enveloppez chaque morceau dans une demi-tranche de poitrine fumée et enfilez-les sur de grands cure-dents en alternant avec des morceaux de pruneau.

4 Faites fondre un peu de beurre dans une poêle et faites-y revenir rapidement les brochettes. Renouvelez le beurre de temps en temps et faites revenir les brochettes en 3 ou 4 fois. Servez bien chaud.

LES CHAMPS

LE MAÏS

DANS VOTRE CABAS
En Europe, on ne consomme pas le maïs en grains depuis très longtemps, et encore est-ce plutôt en conserve. Sur le Vieux Continent, l'usage était davantage celui de la semoule. Éventuellement de la farine… Mais, n'étant pas panifiable, elle n'a pas connu un vif succès. Semoule, farine et épis viennent d'une variété de maïs qualifié de doux alors que le maïs éclaté (le pop-corn) provient de la variété dure. Son germe est riche en matières grasses, en particulier en acides gras polyinsaturés, ce qui permet d'en extraire de l'huile. On peut également en tirer une fécule bien connue, la Maïzena. Et puis, il existe, comme pour l'avoine, des flocons (inventés, eux, par les frères Kellog en 1894), utilisés pour préparer le petit déjeuner.

DANS VOTRE ASSIETTE
La difficulté lorsque l'on prépare la bouillie de maïs est de ne pas faire de grumeaux (et aussi de ne pas se brûler car elle fait des bulles qui éclatent), ce qui arrive souvent lorsqu'on verse la semoule en pluie dans l'eau bouillante. Une bonne méthode est de la délayer petit à petit avec celle-ci, en ajoutant l'eau louche par louche sans cesser de tourner. Plus une bouillie de maïs cuit longtemps moins elle sera granuleuse : elle est prête après une demi-heure mais elle sera bien supérieure si elle cuit une heure, voire plus, à tout petit feu. Les épis se cuisent, eux, avec ou sans leurs feuilles, environ 5 min à l'eau bouillante (ajouter ou retrancher 1 ou 2 min selon leur grosseur). On peut également les cuire au four en papillote.

DANS VOTRE ESTOMAC
Le maïs est une source de vitamines B6, de fer, de magnésium, de potassium et de phosphore. En revanche, sa carence en niacine, l'un des acides aminés essentiels, a été à l'origine de troubles graves dans les populations qui se nourrissaient presque exclusivement de sa semoule.

DANS VOTRE GARDE-MANGER
La semoule de maïs d'origine biologique est assez difficile à trouver, elle est cependant bien supérieure, tant du point de vue gustatif que nutritif. Elle se conserve de préférence au froid deux ou trois mois mais, une fois encore, inutile de stocker.
Les épis frais ne se conservent pas longtemps : il vaut mieux les consommer immédiatement. Cependant, si vous deviez les garder un jour ou deux, laissez-leur toutes leurs feuilles et mettez-les dans le bas du réfrigérateur.

LE MAÏS

CRUCHADES

Pour 8 personnes :
250 g de farine de maïs
250 g de farine de froment
1/2 l de lait
2 œufs
beurre

Temps de réalisation :
15 min la veille
30-45 min le jour même

Vins :
un jurançon ; lorsque l'on n'ajoute rien, il est moelleux (Clos Uroulat)

Le maïs nous est arrivé d'Amérique au moment des « grandes découvertes », au tournant du XVIe siècle, et il a trouvé dans tout le Sud-Ouest une terre de prédilection. Il y remplaça rapidement la culture traditionnelle du millet. La Saintonge était déjà, il y a plus de deux siècles, réputée pour la culture du « blé de Turquie », comme on l'appelait à l'époque, ou « garouil » dans les campagnes...
Ce dessert très rustique est en fait une espèce de bouillie frite servie avec de la confiture ou du sucre, tout simplement.

 À vos fourneaux

1 Mélangez les deux farines et disposez-les en fontaine dans une jatte. Cassez les œufs dans cette fontaine et travaillez le tout à la cuiller jusqu'à ce qu'ils soient bien incorporés. Délayez la pâte obtenue avec le lait. Laissez reposer une nuit au frais.

2 Dans une poêle, faites fondre du beurre, et, lorsqu'il est assez chaud, déposez-y des cuillerées de pâte en les espaçant suffisamment pour pouvoir les manipuler. Il vaut mieux ne pas prendre une poêle trop grande : vous aurez moins de cruchades à surveiller !

3 Quand les cruchades sont dorées sur la première face, retournez-les en vous aidant d'une spatule et faites-les frire sur l'autre face. Réservez-les au fur et à mesure dans le plat de service. Les cruchades se servent tièdes, accompagnées de sucre et de confiture.

LES CHAMPS

GASPACHO LANDAIS

Pour 4 personnes :
1 boîte de maïs de 200 g
1 poivron rouge
1 concombre • 1 oignon blanc • 1 gousse d'ail
5 tomates • 15 cl d'huile d'olive • 5 cl de vinaigre
2 brins de ciboulette
sel et poivre

Temps de réalisation :
20 min la veille
15 min le jour même

Vins :
un vin issu du cépage mauzac, tranquille ou effervescent (Robert Plageoles)

Une adaptation d'inspiration landaise du célèbre potage froid espagnol où le maïs remplace simplement le pain et sert à la liaison.

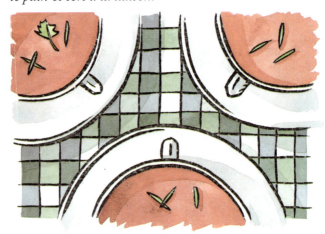

 À vos fourneaux

1 La veille, épluchez le poivron, l'oignon, l'ail et le concombre, puis émincez-les finement. Coupez les tomates en quartiers. Mettez tous les ingrédients, ainsi que le maïs en grains, dans un grand saladier. Arrosez avec l'huile d'olive et le vinaigre. Salez, poivrez largement, couvrez le saladier d'un film et mettez au réfrigérateur pour toute la nuit.

2 Le jour même, passez au mixeur pour bien réduire le tout en purée liquide puis à la centrifugeuse pour éliminer toutes les parties solides. Si vous n'avez pas de centrifugeuse, vous pouvez le faire au chinois ou avec un tamis fin en pressant bien pour extraire tout le jus. Rectifiez l'assaisonnement puis remettez au réfrigérateur. Ciselez très finement la ciboulette. Servez très frais, en tasse, parsemez de ciboulette.

Soupe Linquisa

Pour 6 personnes :
5 saucisses « linquisa » 150 g de poitrine de porc fumé • 12,5 cl d'eau • 10 cl de vin blanc • 50 g de beurre • 1 pied de côtes de blette • 1 petite botte de navets • 1 l de bouillon de pot-au-feu • 250 g de farine de maïs • sel et poivre

Temps de réalisation :
1 h 10 min, dont 30 min d'exécution

Vins :
un cartaxo, vin produit au nord de Lisbonne et très populaire au Portugal

Les saucisses linquisa *sont portugaises… La pâte de poivron qu'elles contiennent leur donne une saveur inimitable, qu'elles communiquent à la soupe. Ajouter des boulettes dans un potage est commun à presque toutes les cultures, la typicité est due ici au maïs, qui apporte sa saveur particulière.*

 À vos fourneaux

1 Délayez la farine de maïs avec l'eau en travaillant bien la pâte, puis faites-en des boulettes d'environ 3-4 cm de diamètre en roulant sur le plan de travail humide (travaillez avec les mains humides également pour éviter que cela ne colle). Réservez.

2 Lavez les blettes, effilez les côtes et hachez-les grossièrement (vert et côtes). Épluchez et coupez les navets en dés (1,5 cm de côté).

3 Dans une marmite pas trop haute, faites fondre le beurre et mettez-y à revenir les saucisses coupées en tranches et les lardons. Lorsque le tout commence à dorer ajoutez les blettes, les dés de navet, mouillez avec le vin blanc puis avec le bouillon de pot-au-feu. Laissez cuire 30 min à partir de l'ébullition. Rectifiez l'assaisonnement. Ajoutez les boulettes de maïs et laissez les cuire 10 min encore. Servez brûlant.

LES CHAMPS

LE RIZ

Dans votre cabas

Le riz a différentes formes : lorsqu'il est brut, non décortiqué (ce qui n'a rien à voir avec un riz complet), il est dit paddy. Il est encore impropre à la consommation : sa première enveloppe est trop dure. C'est celle-ci que l'on élimine pour obtenir le riz brun, ou complet, qui a gardé, en revanche, sa seconde enveloppe, très nutritive. Le riz blanc peut être simplement poli, ce qui lui fait perdre la quasi-totalité de ses nutriments, ou glacé, c'est-à-dire poli puis enduit d'une fine couche de glucose et de talc pour être d'un blanc éclatant. Il existe en outre des riz, bruns ou blancs, étuvés, ce qui facilite ensuite leur cuisson mais leur fait perdre beaucoup de goût.

Il se présente sous différentes variétés : riz à grain court, ou rond, provenant de la souche Japonica, variété la plus cultivée en Europe (les riz italiens dits à risotto en font partie), et demi-longs, longs A et longs B (qui proviennent de la souche Indica). C'est à cette dernière catégorie qu'appartiennent les riz basmati, le surinam, ceux de Madagascar ou le thaïlandais parfumé. Quant au riz sauvage, ce n'est pas un riz mais une plante des marais appartenant à une famille voisine.

Dans votre assiette

Il y a de multiples façons de faire cuire le riz blanc : à la vapeur, à grande eau, avec juste ce qu'il faut de liquide, au gras, au four… Chacune a ses mérites selon la variété du grain utilisé et l'usage que l'on en fera ensuite. Les riz longs ne se lavent pas, les riz ronds doivent l'être si l'on veut obtenir un riz léger et absolument non collant, ce qui est davantage dans le goût espagnol (contrairement au risotto italien, où la consistance crémeuse et l'apport d'amidon sont primordiaux).

Dans votre estomac

Le riz blanc a perdu plus de 60 % de ses vitamines. Ce qui n'est pas vrai, en revanche, des riz étuvés : ils sont décortiqués après traitement, ce qui concentre à l'intérieur du grain les principes nutritifs. Mais ils ont perdu leur richesse de goût. Le riz complet, lui, est très intéressant du point de vue nutritif mais seul celui d'origine biologique peut être consommé en toute quiétude : les produits chimiques servant au traitement des récoltes se concentrent dans le péricarpe des grains (l'enveloppe qui caractérise le riz brun).

Dans votre garde-manger

Attention aux riz provenant de l'agriculture biologique : il est impératif de les conserver dans le bas du réfrigérateur. Évitez de les stocker : producteurs ou distributeurs sont mieux équipés !

Gâteau de riz forestier

Au croisement de plusieurs influences très « golfe de Gascogne » : traitement du riz à l'espagnole, alliances de goûts bordelaises (les cèpes, les poireaux et l'huile de noix)...

Pour 6 personnes :
400 g de riz rond • 5 poireaux • 500 g de cèpes ou de girolles • 1 gousse d'ail • 1 l de bouillon de volaille • 50 g de beurre • 50 g d'huile de noix • 3 œufs • 1 petite botte de ciboulette • sel et poivre du moulin • beurre pour le moule

Temps de réalisation :
1 h 30 min, dont 1 h d'exécution

Vins :
un vin rouge espagnol du Penedès, jeune

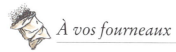

À vos fourneaux

1 Nettoyez et lavez les poireaux. Nettoyez les champignons sous un filet d'eau froide en vous aidant d'un linge humide ou d'un pinceau. Retirez les parties abîmées ou terreuses. Si vous avez choisi des cèpes et s'ils sont un peu gros, ôtez les tubes verts sous le chapeau. Émincez poireaux et champignons. Épluchez la gousse d'ail et hachez-la finement. Lavez le riz à plusieurs eaux et mettez-le à égoutter dans une passoire. Faites chauffer la moitié du bouillon.

2 Dans une marmite basse ou dans une cocotte, faites fondre le beurre et mettez-y à suer les poireaux. Ajoutez les champignons et l'ail. Mélangez bien le tout et laissez cuire 8 min à feu doux. Ajoutez le riz en mélangeant bien à la cuiller en bois et laissez cuire encore 5 min. Mouillez alors avec le bouillon chaud et laissez cuire doucement jusqu'à ce que tout le liquide soit absorbé.

3 Pendant ce temps, battez les œufs en omelette à la fourchette avec l'huile de noix, puis diluez avec le reste du bouillon. Ciselez la ciboulette. Lorsque le riz a complètement absorbé le bouillon, ajoutez les œufs et la ciboulette ciselée hors du feu et mélangez bien. Assaisonnez. Beurrez un moule à savarin ou un moule à manqué, versez-y le mélange et cuisez 30 min au four à 150 °C (th. 5).

LES CHAMPS

Riz aux coquillages

Pour 4 personnes :
300 g de riz rond
500 g de moules
500 g de coques
4 étrilles
safran
4 c. à s. d'huile d'olive
1 oignon

Temps de réalisation :
50 min, dont 30 min d'exécution

Vins :
un xérès fino, très sec
(Osborn)

Adaptation d'une recette traditionnelle espagnole à laquelle les étrilles apportent un goût délicieux. Enfoncés dans le riz, les coquillages, malgré une cuisson un peu longue pour eux, ne se dessècheront absolument pas.

 *À vos fourneaux*

1 Mettez les coques à tremper dans l'eau salée 1 ou 2 h à l'avance, pour qu'elles rendent leur sable. Puis lavez-les à plusieurs eaux, lavez et grattez soigneusement les moules. Épluchez et hachez très finement l'oignon. Mettez à chauffer 1/2 l d'eau. Faites préchauffer le four à 180 °C (th. 6).

2 Dans une cocotte en fonte, faites chauffer l'huile d'olive. Mettez-y à revenir les étrilles à feu moyen, jusqu'à ce qu'elles deviennent bien rouges sur toutes les faces. Lorsqu'elles sont bien colorées, ajoutez l'oignon et le riz et mélangez bien afin que le riz s'imprègne de l'huile parfumée. Laissez cuire 5 min puis ajoutez le safran et les coquillages, mélangez bien et mouillez avec l'eau bouillante.

3 Couvrez et enfournez pendant 20 min. Vérifiez l'assaisonnement et servez très chaud à la sortie du four.

LE RIZ

SAUCISSES AU RIZ ÉPICÉ

Pour 6 personnes :
400 g de riz rond
6 saucisses de campagne
1 oignon • 1 gousse d'ail
4 c. à s. d'huile d'olive
1 c. à c. de graines de cumin
1 c. à c. de curcuma
1 c. à c. de paprika
1 c. à c. de cannelle
1/2 c. à c. de curry
1 zeste de citron • 1 pointe
de miel • sel et poivre

Temps de réalisation :
50 min, dont 30 min
d'exécution

Vins :
le petit frère du célèbre
Vega-Sicilia : l'Alion

Là aussi, il s'agit d'une recette traditionnelle espagnole qui offre en une seule fois quasiment tous les parfums de toutes les épices autrefois ramenées par les navigateurs espagnols. Les saucisses doivent être assez rustiques et si possible hachées un peu gros. Il faut les faire bien rissoler, mais à feu relativement doux, pour qu'il se forme une carapace protectrice, qui parfumera délicieusement le riz, sans que les oignons et les épices ne brûlent.

 À vos fourneaux

1 Lavez le riz à plusieurs eaux et laissez-le égoutter dans une passoire. Épluchez et hachez l'ail et l'oignon. Coupez les saucisses en tronçons de 3-4 cm de longueur. Mesurez le volume de riz et faites chauffer le même volume d'eau. Mettez à préchauffer le four à 180 °C (th. 6).

2 Dans une cocotte en fonte faites chauffer l'huile d'olive et, quand elle est chaude (mais non fumante), faites-y revenir les saucisses.

Lorsqu'elles sont bien dorées de toutes parts, ajoutez l'ail et l'oignon hachés puis, une fois ceux-ci bien imprégnés de l'huile, toutes les épices, le zeste de citron et le miel. Mélangez soigneusement.

3 Ajoutez le riz, remuez bien et laissez cuire 5 min. Mouillez avec l'eau chaude, assaisonnez légèrement, mélangez soigneusement et couvrez. Faites cuire 20 min au four, vérifiez l'assaisonnement et servez très chaud.

LES CHAMPS

LE SARRASIN

Dans votre cabas

Le sarrasin (ou blé noir) est plus que toute autre la (fausse) céréale de la Bretagne. Elle est pourtant arrivée tardivement, à la fin du Moyen Âge. Originaire d'Asie et du nord de l'Europe centrale, elle a atteint l'Europe via la Russie et la Turquie, et elle a trouvé en Bretagne un terrain pauvre et un climat sans grands écarts de température, particulièrement favorables. Son bon rendement (tout relatif) l'a fait adopter dans toute la région, même là où le seigle et le froment pouvaient pousser.

Ceux-ci servaient à payer les redevances tandis que le blé noir servait à la consommation familiale.

Riche en amidon, la graine de cette plante pouvait fournir une farine qui, certes, n'était pas panifiable mais permettait de préparer bouillies et galettes.

Le sarrasin se présente sous deux formes. La première, traditionnelle en Bretagne, est la farine. Grise, piquetée de noir : plus elle est foncée, plus elle a conservé de nutriments. On pourrait qualifier la seconde de russe : la kasha. Il s'agit des akènes grossièrement concassées et grillées.

Enfin, depuis quelques années, le blé noir sert à préparer une bière au goût singulier.

Dans votre assiette

On ne peut directement faire du pain de blé noir : il faut donc mélanger sa farine avec celle du froment. En revanche, c'est en Bretagne la base des bouillies et, surtout, des galettes et des farz, sucrés ou salés comme dans le kigg-a-farz, sorte de pot-au-feu dans le bouillon duquel cuit un farz de blé noir. Ailleurs, on en fera des blinis ou des pâtes.

La farine de blé noir breton est de meilleure qualité, surtout de saveur plus prononcée, que celle de sarrasin d'importation. On la trouve dans les magasins de produits naturels.

La kasha peut être utilisée comme les céréales en grains, cuite à l'eau, à la vapeur ou au gras, façon riz pilaf, et servir de plat principal, en accompagnement de légumes, ou comme garniture d'un plat de viande.

Dans votre estomac

La farine de sarrasin est une bonne source de protéines, même si elle est incomplète. Elle contient également des vitamines (B6), du magnésium, du zinc, du potassium. C'est un bon aliment digestible et nourrissant.

Dans votre garde-manger

Grains et farines se conservent pendant plusieurs mois dans un endroit frais et sec.

LE SARRASIN

FAR DE BLÉ NOIR

Pour 4 personnes :
120 g de farine de blé noir
2 yaourts (200 g)
1 sachet de levure chimique
100 g de beurre
sel

Temps de réalisation :
un peu plus de 20 min, dont
10 min de cuisson

Vins :
un riesling (Serge Fend)

Adaptation « légère » du fars gwinizh-du, *un des plats fondamentaux de l'alimentation bretonne. Il s'agit d'une des nombreuses recettes traditionnelles de* fars forn, *les fars au four, ceux que l'on préparait dans un plat en terre et que l'on faisait cuire à l'entrée du four du boulanger après la cuisson du pain. Car il en existe d'autres…* les fars sac'h, *dont la pâte est versée dans un sac puis pochée dans le bouillon du pot-au-feu les jours de fête, ou dans la soupe, en temps ordinaire ; les* fars pillig, *préparés rapidement à la poêle lorsque le temps presse. Et toutes leurs variantes ! Mais tous réjouissent le cœur (et le ventre) du Breton – surtout s'il y a un morceau de lard pour les accompagner… De toute façon, ne pas oublier le morceau de beurre demi-sel sur le far encore chaud pour qu'il fonde et imprègne bien la pâte…*

 *À vos fourneaux*

1 Préchauffez le four à 180 °C (th. 6). Délayez la farine de blé noir avec les yaourts, en prenant soin qu'elle ne forme pas de grumeaux.

2 Faites fondre le beurre dans une petite casserole. Ajoutez en tournant la levure chimique et une petite pincée de sel.

3 Versez le mélange dans 4 petits moules beurrés de 7 cm de diamètre et enfournez. Laissez cuire 10 min, démoulez à chaud et servez tiède.

LES CHAMPS

GALETTES DE BLÉ NOIR

Pour 6 galettes :
200 g de farine de blé noir
50 g de farine de froment
50 cl d'eau
huile
beurre demi-sel

Temps de réalisation :
environ 32 min, dont moins
de 10 min de préparation

Vins :
du cidre... bien sec !

Si vous êtes Breton dans l'âme, vous pouvez essayer de faire cuire les galettes sur une billig, *la galettière utilisée en Bretagne.*
La première crêpe, pas très réussie, était destinée au chien (ar c'hi) ; *la dernière, pour laquelle il n'y avait jamais assez de pâte, était offerte au chat* (ar c'hazh).

À vos fourneaux

1 Mélangez les deux farines et délayez soigneusement avec l'eau, en prenant soin qu'il ne se forme pas de grumeaux.

2 Procédez ensuite comme pour des crêpes, en les faisant cuire dans une poêle juste graissée (utilisez un chiffon huilé : une véritable mam coz – grand-mère en breton – ne peut concevoir que le morceau de lard).

3 Tartinez-les de beurre demi-sel, avant de les plier, alors qu'elles sont encore dans la poêle.

Goujonettes de sole au sarrasin

Pour 4 personnes :
1 sole de 800 g • 8 galettes de blé noir • 1 l de bouillon de volaille • 50 g de beurre • 1 dl de vin blanc • 1 échalote • cerfeuil • sel et poivre noir du moulin

Temps de réalisation :
30 min d'exécution

Vins :
un riesling, dont la structure et les arômes minéraux conviennent si bien, l'une à la sole et les autres au sarrasin

Une version (très) élégante des bouillies traditionnelles bretonnes… Le sarrasin va bien aux produits de la mer : son goût si particulier se marie bien avec celui de l'iode. Les goujonettes sont des languettes taillées en biais dans un filet de poisson, la plus souvent la sole, et que l'on fait revenir vivement comme des petits poissons, qu'elles évoquent vaguement par leur forme.

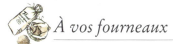

À vos fourneaux

1 Nettoyez la sole, levez les filets (n'hésitez pas à demander à votre poissonnier de le faire) et détaillez-les en goujonettes. Mettez à tremper les galettes de blé noir dans le bouillon de volaille. Épluchez et ciselez l'échalote. Effeuillez le cerfeuil.

2 Dans une poêle assez grande, faites chauffer le beurre et, lorsqu'il est mousseux, ajoutez les goujonettes et faites-les revenir vivement en secouant la poêle pour qu'elles tournent et se retournent dans le beurre chaud. Lorsqu'elles sont cuites, égouttez-les dans une passoire et récupérez le beurre de cuisson. Réservez-les et tenez-les au chaud.

3 Remettez la poêle sur le feu et faites suer l'échalote ciselée dans le beurre chaud avec un peu de poivre noir concassé. Mouillez avec le vin blanc et laissez réduire. Ajoutez à l'infusion de galettes et mixez le tout. Passez dans une casserole, réchauffez et assaisonnez. Répartissez les goujonettes dans 4 assiettes creuses et versez dessus le velouté au blé noir, bien chaud. Parsemez de pluches de cerfeuil et servez immédiatement.

LA FERME

Un peu d'histoire

Il ne faut pas s'étonner qu'au bord de l'Atlantique le poisson ait une importance certaine, mais c'est chose assez récente. Ses rives ont été en grande partie peuplées par les Celtes, qui venaient de l'intérieur des terres et s'étaient arrêtés là car ils ne pouvaient aller plus loin. Ils manifestaient une grande méfiance vis-à-vis de la mer! Alors, à seulement quelques centaines de mètres du littoral, s'est instaurée une vie agricole importante : l'Irlande est davantage une île de paysans que de pêcheurs, une grande partie de la Bretagne ne connaît pas la mer, de la Loire aux Pyrénées la terre l'emporte la plupart du temps sur l'océan, le Pays basque, la Galice et le Portugal, s'ils ont vu naître de grands marins, connaissent tous une vie extrêmement active dans l'arrière-pays.

La végétation, assez pauvre, des bords de mer était favorable à l'élevage du mouton, surtout pratiqué pour la laine. Mais on s'est rendu compte que ces herbes arrosées par les embruns donnaient à leur chair une saveur singulière. On décida d'en tirer parti… Aussi, du nord au sud, on trouve des recettes à base de mouton, très anciennes, comme au Portugal, ou plus récentes, comme en Irlande (la base du fameux Irish Stew n'est pas la viande, qui pouvait aussi bien être autrefois de porc ou de bœuf, mais la pomme de terre… ce n'est qu'à la fin du siècle dernier que l'usage du mouton s'est imposé). En revanche, le porc fut d'un usage constant. Les Celtes étaient réputés pour leur science de la salaison et leur goût pour la viande de cochon. Les spécialités charcutières abondent toujours. Animal facile à élever, le porc peut l'être en quasi-liberté comme cela se pratique encore dans la péninsule Ibérique, où sont produits certaines des meilleures races (le *porco iberico*, appelé également *pattas negras*), ou «à la maison», comme cela se faisait dans toutes les fermes où la porcherie consommait un grand volume de résidus de l'exploitation (laiterie, racines, céréales). Malheureusement, cette simplicité d'un autre âge ne correspond plus aux exigences d'une agriculture moderne et les besoins, de plus en plus grands, ont profondément modifié cet élevage. Les anciennes races locales ont considérablement régressé (pour ne pas dire – presque – disparu). Pas assez prolifiques, moins pressées de donner de bons gros cochons. Les bêtes étaient trop grosses, ou pas assez. Enfin, elles étaient trop grasses. Pourtant, c'est la qualité du gras qui fait celle de la viande de porc.

Enfin, toutes ces fermes avaient une basse-cour : on y élevait quelques volailles pour améliorer l'ordinaire ou payer son loyer. Presque partout aussi on élevait le lapin (sauf sur les îles Britanniques, où il n'est pas du tout apprécié). Il nous est arrivé d'Afrique du nord, via l'Espagne, il y a fort longtemps. C'est également de ces pays que nous viennent deux volatiles importants : la dinde et la pintade. La dinde, originaire d'Amérique, nous est arrivée grâce aux Espagnols tandis que la pintade a été ramenée du Cap Vert par les Portugais. Quant aux canards, ils sont très appréciés un peu partout et toutes les races indigènes proviennent de la domestication d'individus sauvages. Seul le canard de Barbarie vient d'Amérique.

LE POINT DE VUE DU CHEF

La ferme nous apporte en nombre des produits importants et si le veau, qui était autrefois la viande de boucherie la plus recherchée, manque à l'appel, on peut se régaler de bien d'autres façons… Toute la côte atlantique, de l'Irlande au Portugal, possède des races de moutons renommées qui autorisent toutes les fantaisies gastronomiques. Que l'on ait envie d'un morceau noble – le gigot est le symbole même de la cuisine bourgeoise – ou, au contraire, de plats plus rustiques, elles ont tout pour nous satisfaire. L'agneau est excellent grillé ou rôti, mais un gigot braisé est un plat délicieux et trop oublié. À remettre à l'honneur, donc. Le porc est excellent, surtout lorsqu'il est de race indigène (en étant un peu chauvin, peut-on trouver meilleur que le blanc de l'Ouest ?). Les salaisons et charcuteries sont innombrables et agrémentent bien d'autres recettes, y compris celles de poisson : il n'est qu'à voir comment en usent Espagnols et Portugais, qui parfument d'un morceau de jambon ou de quelques tranches de chorizo bien des ragoûts. Enfin, les animaux de la basse-cour – et surtout le canard, dont la chair, goûteuse, et la peau admirable font un morceau de tout premier choix – apportent une grande diversité. Mais pour tous ces produits, à l'exception de l'agneau et peut-être du lapin, sans doute moins malmenés, essayez, chaque fois que cela est possible, d'être vigilants quant aux provenances. Renseignez-vous, soyez indiscrets vis-à-vis de vos fournisseurs, tentez d'obtenir d'eux le meilleur…

LA FERME

LE CANARD

Dans votre cabas

Il est assez difficile aujourd'hui de trouver d'autres canards que ceux de Barbarie. Cette race nous arrive d'Amérique du Sud ou centrale, via l'Espagne, et aurait été ramenée d'Amérique en Europe par Christophe Colomb. Il semble que le canard ait connu un certain succès gastronomique lors de son apparition puis passa de mode. Moins gras que ses congénères, il a conquis toutes les faveurs et a pratiquement supplanté les autres races. Pourtant un rouennais, qui est un colvert domestiqué, est sans doute un peu plus gras mais il reste délicieux. Traditionnellement, ceux-ci sont étouffés et non saignés, ce qui confère à leur chair un moelleux particulier.

Un canard portant un label sera abattu à 84 jours s'il s'agit d'un mâle, mais à seulement 77 s'il s'agit d'une femelle. Le premier pèsera 2,3-3,4 kilos, la seconde seulement 1,2-1,7 kilos. Un signe ne trompe pas pour reconnaître l'âge d'un canard: la consistance de son bec et de la pointe du bréchet, qui doivent être flexibles. Lorsque l'on pince l'aileron, la peau et la chair sont souples. La poitrine doit être bien charnue. Car le canard a une grosse carcasse: il faut compter entre une livre et une livre et demie de poids brut par personne (un canard de 2,5 kilos est parfait pour quatre).

Dans votre assiette

Le canard se prête à toutes sortes de préparations: rôti, grillé, braisé, en pâtés, et même poché. Vous choisirez une canette pour rôtir au four ou à la broche, mais achèterez un canard pour braiser ou pour le transformer en pâté. Le canard devrait être préparé en deux services; les filets attachés à la carcasse, rôtis, les cuisses préparées autrement: leurs cuissons diffèrent trop.

Dans votre estomac

On observe de grands écarts dans les caractéristiques nutritionnelles du canard selon que l'on considère la chair seule ou la chair et la peau (celle-ci est assez grasse, en effet). Mais la cuisson, surtout lorsqu'il est rôti, lui fait perdre beaucoup de son gras… Sa chair est riche en fer, en vitamines du groupe B. (valeurs moyennes, rôti – chair et peau – pour 100 g: protéines, 19 g; lipides, 28 g; cholestérol, 84 mg; 337 calories).

Dans votre garde-manger

Un canard se conserve parfaitement trois jours au réfrigérateur, dans le papier sulfurisé du volailler. Cuit, vous pouvez en garder les morceaux deux jours encore, sous film, pour éviter qu'ils ne se dessèchent.

CANETON AU PORTO

Pour 2 à 4 personnes :
1 petite canette • 20 petits oignons • 100 g de raisins secs • 2 dl de porto • 50 g de pain d'épice • 50 g de beurre

Temps de réalisation :
50 min (entièrement d'exécution) plus le découpage de la volaille

Vins :
Ce plat mérite un grand porto (un vintage National Quinta Do Noval)

Le canard s'accommode bien des saveurs douces… Il s'agit davantage d'un plat « en hommage » au Portugal que d'une véritable recette traditionnelle car dans ce cas, avec les mêmes ingrédients, le canard aurait sans doute été braisé… Pour la liaison de la sauce, le pain d'épice doit être réduit en chapelure : il vaut donc mieux qu'il soit rassis. Pour maintenir la canette en équilibre sur une cuisse, pendant sa cuisson, n'hésitez pas à utiliser des ustensiles, une cuiller en bois par exemple.

À vos fourneaux

1 Préchauffez le four à 220 °C (th. 7-8), mettez-y la canette à rôtir 6 min sur chaque cuisse puis 8 min sur le dos (et, en retournant la volaille, arrosez-la avec son jus). Laissez reposer ensuite 15 min dans le four éteint, avec la porte entrouverte.

2 Pendant la cuisson de la volaille, épluchez les petits oignons et mettez-les dans une casserole ou un petit sautoir avec les raisins secs, le porto et le beurre. Beurrez un disque de papier sulfurisé découpé à la taille du récipient et posez-le sur les oignons. Laissez cuire ainsi, couvert, pendant 30 min.

3 Pendant la cuisson des différents éléments, émiettez le pain d'épice. Lorsque la garniture est cuite, sortez les oignons avec une écumoire, ajoutez le pain d'épice émietté à la sauce, en mélangeant bien pour lier le tout. Remettez les oignons et assaisonnez.

4 Découpez la canette et présentez-la en deux services : les filets taillés en aiguillettes accompagnés des oignons au porto, les cuisses avec une petite salade.

LA FERME

Canard fourré aux pommes

Pour 4 à 6 personnes :
1 bon et gros canard
1 kg de pommes reinette
1 oignon
1 bouquet de coriandre
1 branche de menthe
1 pincée de safran
1 pincée de cannelle
1 orange
1 citron
10 g de beurre
huile d'olive
sel et poivre du moulin

Temps de réalisation :
2 h 15 min, dont 1 h 30 min de cuisson

Vins :
un vrai bon cidre sec (le « sydre » d'Éric Bordelet)

La culture des pommiers s'est développée très tôt dans tout l'Ouest, soit par contact direct, comme en Espagne et au Portugal, avec les Arabes qui dès le Haut Moyen Âge, possédaient l'art de la greffe, soit par des échanges avec les Espagnols et les Portugais. Partout où se ramassent les pommes, du Portugal à l'Irlande, on en a fait du cidre (celui-ci nous vient plutôt des Celtes qui occupèrent tout ce littoral) et partout on a imaginé de ces recettes mêlant sucré et salé qui conviennent, particulièrement bien au canard par ailleurs.
Celle-ci est plutôt portugaise, avec la coriandre, la menthe, la cannelle, l'orange et le citron qui font à la volaille une farce aigre-douce, extrêmement parfumée, mettant bien en valeur sa chair, goûteuse.

À vos fourneaux

1 Demandez au volailler de vous garder les abats du canard (le foie et le cœur). À l'aide d'un petit couteau pointu, ôtez avec précaution le fiel du foie puis coupez celui-ci ainsi que le cœur en petits dés. Effeuillez et ciselez les herbes. Pressez l'orange et le citron (vous pouvez le faire dans le même bol : ils seront mélangés plus tard).

LE CANARD

2 Épluchez et ciselez l'oignon. Dans une petite poêle, faites fondre le beurre et, à feu doux, mettez-y l'oignon à fondre. Lorsqu'il est bien translucide, montez le feu et ajoutez les abats. Faites bien revenir en remuant à la cuiller en bois pour que les oignons de brûlent pas. Lorsque tout est bien revenu, débarrassez dans une petite assiette.

3 Épluchez et coupez les pommes en dés. Mettez-les dans une jatte et ajoutez-leur les abats et l'oignon revenus, puis les épices et les herbes ciselées et, enfin, le jus des fruits. Mélangez soigneusement le tout et assaisonnez.

4 Farcissez le canard avec les pommes aromatisées et cousez l'ouverture pour que la farce ne s'échappe pas pendant la cuisson. Enduisez le canard d'une fine couche d'huile. Cuisez-le à la broche ou au four 200 °C (th. 7) pendant 1 h 30 en prenant soin de l'arroser fréquemment avec son jus.

LA FERME

LE COCHON

Dans votre cabas

Les diverses races de porc indigènes tendent toutes à être remplacées par quelques-unes, plus prolifiques et plus rapidement rentables, Large White ou Landrace. Le goût a changé – les consommateurs sont soucieux de manger moins gras – et la quasi-totalité des porcs est, dans le nord de l'Europe, élevée aujourd'hui industriellement. Finies les bonnes pâtées d'orge et de pommes de terre qui font les bons cochons bien gras (et les bons jambons). Et, encore plus finie, la glandée… Quelques fermiers élèvent encore pour de rares privilégiés des porcs fermiers de races locales. Leur viande n'a strictement rien à voir avec celle que l'on peut se procurer couramment (ah! le blanc de l'Ouest breton…). Hélas pour nous!

La situation est un peu différente en Espagne et au Portugal, où l'élevage en liberté du porc ibérique est toujours pratiqué, aussi la charcuterie dans ces deux pays est souvent exceptionnelle, ce sont de tels porcs, les *pattas negras*, nourris de glands, qui produisent les sublimes jambons de Jabugo. Au Pays basque, on tente de sauver l'*urdea*, le porc basque noir et rose à l'origine de toutes les charcuteries locales. Cependant, renseignez-vous. Essayez de connaître l'origine de la viande que vous achetez.

Dans votre assiette

«Dans le cochon, tout est bon»… et ajoutons que tout est possible. La multiplicité des produits qu'il permet d'obtenir, le nombre incroyable de préparations à base de porc dans lesquelles on peut se lancer rendent parfaitement impossibles les recommandations. Mais chaque fois que vous en avez l'occasion, goûtez les charcuteries locales: lorsqu'elles sont bien faites, du nord au sud, elles en valent toutes la peine. Et chaque pays, chaque région en regorge.

Dans votre estomac

La viande de porc est habituellement riche en vitamine B1 (thiamine), en zinc, en potassium et en phosphore. En revanche, il est très difficile de donner des valeurs aux différentes teneurs en protéines, lipides, etc.: tout dépend du morceau, de son traitement (en particulier, dans le cas des charcuteries et des salaisons).

Dans votre garde-manger

Le porc frais se conserve sans problème plusieurs jours au réfrigérateur (quatre jours); les produits salés sont a priori faits pour être conservés, ce qui ne veut pas dire qu'il faille les garder des mois!

LE COCHON

Tête de porc rôtie et pressée

Pour une terrine de 1 l :
1/2 tête de porc d'environ 1 kg
2 gousses d'ail
1 branche de thym
1/2 de feuille de laurier
1 petite branche de romarin
50 g de saindoux
15 g de sel gris
5 g de poivre

Temps de réalisation :
20 min, 48 h à l'avance,
4 h 45 min, dont 4 h de cuisson, la veille

Un plat « canaille » auquel la cuisson au four donne une saveur particulière : une salade rustique pour l'accompagner (le pissenlit aime le vinaigre, qui le rend bien à la tête de cochon), un vin charpenté… voilà une association haute en goût et en couleur ! Et si, par hasard, vous avez une truffe, n'hésitez pas à l'ajouter à la salade !

Vins :
un chinon (le clos de l'écho de Couly-Dutheil : ce clos a appartenu à la famille de Rabelais, c'est un signe)

À vos fourneaux

1 Épluchez les deux gousses d'ail et hachez-les finement. Mettez ce hachis dans un bol, ajoutez-y le thym effeuillé, le romarin haché, le laurier finement pilé et le poivre concassé. Mélangez soigneusement le tout.

2 Frottez toute la surface de la tête avec le sel gris puis avec le mélange précédent, mettez-la dans un récipient couvert à reposer au frais pendant 24 h. Éliminez alors le sel excédentaire.

3 Dans une grande cocotte, faites fondre le saindoux et mettez-y à revenir la demi-tête sur toutes ses faces. Lorsqu'elle est bien dorée, sortez-la de la cocotte, jetez la graisse de cuisson, remettez la tête, couvrez le récipient et faites cuire dans le four préchauffé à 120 °C (th. 3) pendant 4 h. Ensuite, sortez la cocotte du four et laissez refroidir avant de décortiquer les chairs en gros morceaux.

4 Habillez les parois d'une terrine avec la couenne que vous aurez récupérée puis remplissez l'intérieur avec les chairs décortiquées. Posez une planchette sur le tout avec deux poids de 1 kg. Laissez « cailler », au frais, pendant 24 h. Servez en tranches assez fines.

Côte de porc fermier, belles de Fontenay et petits oignons nouveaux

Pour 4 personnes :
1 côte de porc fermier
de 700 à 800 g
200 g de beurre
20 petites pommes de terre
belles de Fontenay
2 petites gousses d'ail
20 petits oignons nouveaux

Temps de réalisation :
un peu moins de 45 min,
dont 35 min de cuisson

Vins :
un médoc assez simple
(Château Haut-Grignon)

Ce plat est d'une grande simplicité mais il exige des produits de qualité parfaite. À réaliser au printemps lorsque les belles de Fontenay sont nouvelles et au mieux de leur saveur, et les oignons encore très sucrés. Les pommes de terre sont à faire cuire dans leur peau, qui grillera et croustillera au cours de la cuisson.

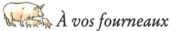 *À vos fourneaux*

1 Ficelez et attachez la côte de porc sur la broche et mettez-la à rôtir. Si vous n'avez pas de broche, vous pouvez faire rôtir la côte sous le gril du four, posée sur une grille au-dessus de la lèchefrite, 20 min sur chaque face.

2 Faites fondre le beurre dans une sauteuse et, quand il commence à mousser, faites-y revenir les pommes de terre, les oignons et les gousses d'ail entières. Arrosez-les éventuellement d'un peu d'eau pour qu'ils ne brûlent pas.

3 Après 15 min, transvasez-les pommes de terre, les oignons et l'ail dans la lèchefrite, sous la côte de porc, afin que le jus de celle-ci les arrose et les caramélise légèrement.

4 Laisser cuire ainsi encore 20 min et servez avec une petite salade.

LE COCHON

SAUTÉ DE PORC À LA BIÈRE

Pour 4 personnes :
1 kg de travers de porc
50 g de saindoux
10 petits oignons
10 abricots secs
4 pommes fruits
2 c. à s. de moutarde
1 l de bière guiness
sel et poivre du moulin

Temps de réalisation :
2 h 15 min, dont 45 min d'exécution

Vins :
une bière (guiness) ou peut-être une bière rousse (la guiness en cuisant perd de sa puissance)

Un plat à la dominante douce-amère et à la saveur légèrement caramélisée dans lequel deux éléments sont spécialement importants : le saindoux pour faire revenir les travers et leur donner un goût tout à fait particulier, et la moutarde qui doit être extra-forte pour résister à la cuisson et équilibrer le gras et le sucre du plat.
La cuisson en plusieurs étapes, bien que longue, permet aux différents ingrédients de conserver des saveurs distinctes et qu'ils ne se confondent pas dans une espèce de marmelade (ce qui arriverait si on démarrait la cuisson à la bière). Attention, d'ailleurs, à la cuisson des pommes !

À vos fourneaux

1 Découpez les travers de porc en 6 morceaux (ou demandez à votre boucher de le faire). Préchauffez le four à 180 °C (th. 6).

2 Dans une cocotte, faites fondre le saindoux et mettez-y à revenir les morceaux de travers. Lorsqu'ils sont bien dorés sur les deux faces, sortez-les de la cocotte et éteignez le feu. Badigeonnez les morceaux de travers de moutarde et remettez-les dans la cocotte puis enfournez celle-ci (couverte, bien sûr).

3 Épluchez les petits oignons. Après 30 min de cuisson, sortez la cocotte du four, mettez-la sur le feu et mouillez avec la bière. Portez à ébullition à feu vif et ajoutez les oignons et les abricots. Remettez au four. Épluchez les pommes, retirez leur le cœur, coupez-les en quartiers. Laissez cuire 1 h, ajoutez les pommes dans la cocotte. Assaisonnez et remettez le tout au four pour encore 20 min. Servez très chaud.

LA FERME

LE LAPIN

Dans votre cabas

Une fois encore, il vaut mieux entretenir d'excellentes relations avec son fournisseur habituel. Lui seul pourra vous éclairer quelque peu sur ce que vous choisirez. En effet, si les races sont nombreuses, il n'y a pas obligation d'en faire mention et la différence entre les individus est considérable en fonction de leur alimentation. Si la plupart des bêtes proviennent d'élevages industriels et sont nourries avec des aliments d'origine végétale, on ne peut pas dire que cette alimentation confère à la viande une saveur particulière. C'est différent s'il s'agit d'un animal réellement fermier. Dans ce cas, la race peut être connue (la meilleure en France est sans conteste le bleu de Vienne), ainsi que l'alimentation. Celle des dernières semaines est primordiale et un lapin nourri de trognons de choux n'aura pas la même saveur qu'un autre nourri à l'herbe.

Habituellement, les lapins vendus dans le commerce le sont à 11 semaines et pèsent un peu moins de 2,5 kilos. Mais si vous le destinez à être transformé en pâté, n'hésitez pas à en acheter un plus vieux (et plus gros). Sa chair est rose et souple, la graisse des rognons doit être très blanche. Enfin, le lapin « profite », il ne comporte qu'environ 20 % de déchets. Lorsqu'il est dépouillé, bien sûr !

Dans votre assiette

Le lapin peut être rôti (en général, la partie arrière, plus charnue), grillé en morceaux ou en brochettes, cuit à l'étouffée en papillote, transformé en pâté… Attention à sa cuisson : la chair, plutôt fibreuse et très maigre est vite sèche. La cuisine traditionnelle du nord au sud affectionne pour cela fricassées et braisés : on y ajoute quelques lardons, qui amènent un peu de gras, du liquide – vin, cidre, coulis de légumes –, pour garder son moelleux. On privilégiera les cuissons à chaleur modérée et si on le rôtit, on l'arrosera souvent.

Dans votre estomac

La chair de lapin est particulièrement maigre et riche en protéines, en fer, en potassium, en magnésium, en vitamines du groupe B (spécialement B6, B12 et PP). Son apport calorique spécialement faible est d'une grande digestibilité (pour 100 g : protéines, 21 g ; lipides : 2-7 g, selon les morceaux et l'âge de l'individu ; cholestérol : 34 mg ; 130-160 calories).

Dans votre garde-manger

Le lapin se conserve quatre ou cinq jours au réfrigérateur, mais prenez garde qu'il ne se dessèche : sa chair, privée de peau, est fragile !

LE LAPIN

LAPIN AU CIDRE

Pour 4 personnes :
un beau lapin fermier bien en chair • 1 bouteille de cidre bouché sec • 1 kg de carottes • 10 petites échalotes • 1 c. à c. de moutarde • 1 dl de crème 50 g de beurre • sel et poivre

garniture :
3 pommes fruits • 50 g de beurre • sel et poivre

Temps de réalisation :
moins de 1 h (entièrement d'exécution)

Vins :
un cidre sec (d'Ille-et-Vilaine, un Coat-al-Bred)

*Un vrai grand classique de la cuisine bretonne des jours de fête, car ce n'est pas tous les jours que l'on tue un lapin. Le cidre doit être bien sec afin d'équilibrer la douceur des carottes : que l'on n'ait que le goût de pomme, sans le sucre... De même, la moutarde vient « donner du nerf » à la crème.
Il est préférable pour l'accompagnement de choisir des pommes légèrement acidulées mais surtout fermes et à chair dense : toutes les reinettes, du Mans, du Canada, clochard, reine des reinettes ; des boscops ou, lorsqu'on en trouve, des calvilles. Et même un peu vertes, si possible (mais peut-être vaut-il mieux pour cela avoir ses propres pommiers) : elles tiennent mieux à la cuisson.*

 ## À vos fourneaux

1 Épluchez les échalotes et gardez-les entières ; épluchez les carottes et détaillez-les en bâtonnets. Dans une cocotte, faites fondre le beurre et faites-y revenir les morceaux de lapin. Ajoutez les échalotes entières et laissez-les un peu revenir. Assaisonnez. Ajoutez les carottes et mouillez avec le cidre.

2 Pendant la cuisson du lapin, préparez la garniture : épluchez les pommes, enlevez le cœur et les pépins et coupez-les en quartiers. Dans une poêle, faites fondre le beurre et faites-y revenir les quartiers de pomme. Assaisonnez.

3 Lorsque le lapin a cuit 20 min, liez la sauce avec la moutarde et la crème, rectifiez l'assaisonnement. Laissez mijoter encore 5 min avant de servir dans un plat creux, les pommes sautées à part.

Lapin à la gelée

Pour 4 à 6 personnes :
1 lapin de clapier bien en chair, en morceaux
1 bouteille de savennières
1/2 pied de veau
200 g de petits oignons
5 échalotes
100 g de poitrine demi-sel
1 bouquet garni
sel et poivre du moulin

Temps de réalisation :
3 h 20 min, dont 20 min d'exécution, 24 h à l'avance

Vins :
un savennières, bien sûr, pas trop jeune

Le lapin doit être coupé en morceaux mais surtout pas désossé : les os sont indispensables pour donner du goût à l'ensemble. Et puis la chair de lapin a vite tendance à sécher, la cuisson longue à (relativement) basse température lui permet de conserver tout son moelleux, mais il est indispensable de garder les morceaux entiers pour éviter qu'ils ne se défassent totalement. Ce plat est une compote, pas des rillettes !

La taille du récipient doit être suffisante pour permettre de poser le pied de veau sur le tout, mais il ne faut pas trop tasser les morceaux de lapin non plus, juste ce qu'il faut pour que le pied baigne suffisamment dans le liquide.
Sinon, il n'y aurait pas de gelée…
Ce plat, comme tous les plats en gelée, est très agréable l'été accompagné d'une bonne salade de tomates ou d'une salade verte relevée de fines herbes.

 *À vos fourneaux*

1 Épluchez les petits oignons. Épluchez et ciselez finement les échalotes. Rincez la poitrine et taillez-la en petits lardons.

2 Prenez une terrine en porcelaine assez grande pour contenir tous les ingrédients et disposez-y les morceaux de lapin, les oignons et les lardons, en alternant et en parsemant d'échalote ciselée. Salez et donnez quelques tours de moulin à poivre (attention les lardons sont salés…) et posez sur le tout le bouquet garni puis le 1/2 pied de veau. Mouillez avec la bouteille de savennières et couvrez la terrine.

3 Posez la terrine dans un récipient allant au four et remplissez-le d'eau bouillante aux deux tiers de la hauteur de la terrine. Mettez au four à 140 °C (th. 5) pendant 3 h. Ajoutez de l'eau (bouillante) si le niveau vient à trop baisser. Après ce laps de temps, retirez le pied de veau et le bouquet garni et laissez refroidir, puis mettez au réfrigérateur pendant 24 h.

LA FERME

LE MOUTON

DANS VOTRE CABAS

Le mouton semble être, du nord au sud, l'un des animaux de boucherie favoris des régions atlantiques. Enfin, quand on parle de mouton, c'est d'agneau qu'il s'agit aujourd'hui : le goût, assez fort, du premier est passé de mode. Provenant d'élevages non encore industrialisés, les agneaux suivent, relativement, un cycle saisonnier et si leur viande est présente toute l'année, c'est dû à la variété des races et des provenances.

La chair de l'agneau de lait (sur les marchés au début du printemps) est d'une grande tendreté mais assez fade. Il n'a que 5 semaines au maximum et n'a connu que le lait de sa mère. Entre 100 et 120 jours, il est dit blanc (à cause de la couleur de sa graisse) ou laiton et n'a pas connu les herbages. Entre 4 et 6 mois, il est appelé gris ou broutard et sa saveur est plus prononcée mais aussi plus parfumée selon les herbes dont il s'est nourri. C'est à cette catégorie qu'appartiennent les différents moutons dits prés-salés.

DANS VOTRE ASSIETTE

La viande d'agneau se prête à toutes les préparations, selon les morceaux : grillée, rôtie, cuite à l'étouffée, en ragoûts, braisée et même pochée. On a l'habitude de rôtir le gigot mais les cuissons longues et les braisages à température douce peuvent donner des plats délicieux (avec un agneau pas trop jeune, à la chair plus parfumée).

On associe la viande de mouton à l'ail, aux pommes de terre et aux haricots. Mais elle se marie heureusement aussi avec le cumin, le romarin, la marjolaine, la menthe, le curry, et les navets, les poivrons, les aubergines, les pois chiches et les fruits secs (les abricots lui vont très bien).

La graisse de mouton fige très vite : dégraissez bien les jus de cuisson et servez-le rapidement dans des assiettes bien chaudes.

DANS VOTRE ESTOMAC

La chair d'agneau a des qualités nutritionnelles très différentes selon le morceau dont elle provient : l'écart peut être important entre le gigot et la poitrine, par exemple. C'est une viande spécialement saine, qui semble épargnée jusqu'à présent. Elle est riche en fer et en phosphore (pour 100 g : protéines, 17-18 g ; lipides, 13-22 g, du gigot à la selle ou aux côtelettes ; 190-265 calories).

DANS VOTRE GARDE-MANGER

La viande d'agneau se conserve trois ou quatre jours au réfrigérateur. Laissez-la respirer (le papier de boucherie est idéal).

LE MOUTON

AGNEAU EN CROÛTE DE SEL

Pour 8 à 10 personnes :
1 gigot d'agneau de 2 kg
5 baies de genièvre
1 branche de romarin
1 branche de thym
sel et poivre du moulin

croûte de sel :
1 kg de farine • 1 kg de gros sel gris • les blancs de 3 œufs (100 g) • 10 cl d'eau

Temps de réalisation :
10 min, 1 ou 2 h à l'avance
1 h 50 min, dont 20 min d'exécution

Vins :
un pauillac
(Pichon-Longueville
Comtesse de Lalande)

Un gigot d'agneau est plus volumineux qu'une daurade : la « pâte à sel » doit être plus résistante pour l'habiller efficacement (et pour ne pas glisser et retomber bêtement au fond du plat). Elle contient donc du blanc d'œuf et de la farine. Il faudra mieux d'ailleurs vous munir d'un bon couteau à pain (un couteau-scie) pour la découper.
Le gigot cuit de cette façon est extrêmement savoureux et moelleux (le temps de repos à la fin de la cuisson est absolument indispensable pour permettre au jus d'affluer vers la périphérie). Le gigot est un morceau épais, et, bien qu'il cuise dans le sel, il vaut mieux en saler l'intérieur.

 À vos fourneaux

1 Demandez à votre boucher de retirer l'os du gigot, en gardant uniquement le manche. Préparez la pâte de la croûte de sel en mélangeant tous ses ingrédients. Amalgamez-les bien et laissez reposer 1 ou 2 h.

2 Préchauffez le four à 200°C (th.7). Écrasez les baies de genièvre, effeuillez le thym et le romarin et garnissez-en l'intérieur du gigot. Salez et poivrez. Refermez le gigot et ficelez-le.

3 Étalez au rouleau la pâte à sel et posez le gigot dessus, repliez la pâte pour l'envelopper complètement et soudez toutes les « coutures » en les humectant et en pressant bien.

4 Enfournez pour 1 h. Ensuite, sortez le gigot du four et laissez reposer 30 min. Servez avec une salade relevée et d'une purée de pommes de terre ou, au printemps, de la galimafrée.

LA FERME

CRÉPINETTE D'AGNEAU AU CUMIN

Pour 6 personnes :
500 g d'épaule d'agneau
250 g de poitrine de porc
200 g d'épinards
200 g d'oseille
100 g d'abricots secs
1 crépine de porc
1 c. à c. de cumin en poudre
noix de muscade
3 oignons
1 c. à c. de graines de cumin
2 dl de porto
1/2 c. à s. d'huile d'olive
sel et poivre du moulin

Temps de réalisation :
1 h 45 min, dont 1 h de cuisson

Vins :
un pauillac

C'est une alliance aigre-douce qu'apporte le mélange oseille-abricot, et qui donne beaucoup de personnalité à ces crépinettes originaires de l'extrême pointe occidentale de l'Espagne. L'association abricot-cumin leur confère une touche « mauresque ».
Les oignons, s'ils sont émincés finement et lentement braisés dans le porto, forment une compote très aromatique.
Les crépinettes ont toujours une certaine densité et dans cette recette elles sont particulièrement parfumées : il faut donc les associer à un vin ayant une belle charpente et qui puisse supporter les épices. Les pauillacs sont tout indiqués avec leurs arômes de réglisse et de fruits très mûrs, leur structure solide et leur longueur en bouche (qui peut rivaliser avec celle de la compote d'oignon au porto).

LE MOUTON

À vos fourneaux

1 Nettoyez soigneusement l'oseille et les épinards, équeutez ceux-ci et faites-les « tomber » dans une cocotte avec très peu d'eau. Égouttez et hachez grossièrement. Coupez les abricots secs en petits dés ; hachez la poitrine de porc et l'épaule d'agneau. Mélangez les verdures, les abricots et la viande hachée. Assaisonnez de sel et de poivre du moulin, du cumin en poudre et d'une râpée de muscade. Partagez la farce en 8 parts égales et enveloppez chacune d'elle dans un morceau de crépine. Épluchez et émincez les oignons, réservez.

2 Dans une cocotte, faites chauffer l'huile et mettez-y à revenir les crépinettes. Lorsqu'elles sont bien dorées sur toutes les faces, débarrassez-les dans une assiette. Dans la graisse de cuisson, mettez à revenir les oignons émincés en veillant bien à ce qu'ils ne brûlent pas. Mouillez avec le porto et posez les crépinettes sur le lit d'oignon. Posez une pincée de graines de cumin sur chaque crépinette et assaisonnez le tout.

3 Couvrez et mettez au four, préchauffé à 150 °C (th. 5), pour 1 h. De temps en temps, vérifiez qu'il reste toujours du liquide au fond de la cocotte. S'il venait à trop réduire, ajoutez un peu d'eau. Servez accompagné d'une bonne salade verte.

LA FERME

Gigot d'agneau au vin de Bonnezeaux

Pour 8 personnes :
1 gigot d'agneau d'environ 2 kg • 1 bouteille de bonnezeaux • 1 boule de céleri • 12 gousses d'ail 50 g de beurre • 3 feuilles de sauge • 1 petite branche de romarin • 1 c. à s. d'huile d'arachide • sel et poivre du moulin

Temps de réalisation :
4 h 30 min, dont 4 h de cuisson

Vins :
un bonnezeaux, bien évidemment ! (Château de Fesles)

Une délicieuse variante angevine du gigot « à la cuiller » : le long braisage confit la chair, qui s'imprègne des différents parfums... Les arômes se fondent et s'échangent. Un très grand plat qui se fait tout seul.

À vos fourneaux

1 Épluchez le céleri et détaillez-le en bâtonnets. Assaisonnez le gigot de trois bonnes pincées de sel. Dans une cocotte, avec l'huile, faites-le revenir sur toutes ses faces avec les gousses d'ail en chemise pendant 10 min environ. Retirez les gousses d'ail, ajoutez le céleri et laissez cuire encore 5 min.

2 Ôtez la peau des gousses d'ail et remettez-les dans la cocotte. Mouillez avec la bouteille de bonnezeaux et ajoutez les feuilles de sauge et la branchette de romarin. Assaisonnez légèrement (la cuisson est longue et le jus réduira). Couvrez et mettez au four préchauffé à 120 °C (th. 4) pendant 4 h.

LE MOUTON

IRISH STEW

Pour 6 personnes :
1 kg d'épaule d'agneau désossée • 1 kg de pommes de terre • 4 oignons 1 bouquet (1 branche de céleri et 1 branche d'estragon) • 1 l de bouillon

Temps de réalisation :
2 h 20 min, dont 2 h de cuisson

Vins :
un saint-émilion (Château Cadet-Bon)

Un incontournable absolu de la gastronomie irlandaise et un très grand plat de cuisine populaire. Deux produits « de terroir » : l'un, quotidien, la pomme de terre ; l'autre, réservé aux jours de fête ou aux cuisines bourgeoises, le mouton. Les Irlandais ont été parmi les tout premiers en Europe à adopter le tubercule américain et à en faire leur aliment de base. Quand la pomme de terre souffrit de maladie au milieu du XIXe *siècle, la population fut décimée par la famine ou dû s'exiler. Quant aux* Connemara lambs, *dont la chair, parce qu'ils paissent la lande, a une saveur assez prononcée, ils sont un mets traditionnel depuis la Grande Famine justement, époque à laquelle on les importa d'Écosse.*

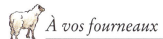

À vos fourneaux

1 Épluchez et émincez (pas trop finement) les pommes de terre et les oignons. Coupez l'épaule d'agneau en tranches.

2 Mettez un peu de bouillon au fond d'une cocotte en fonte et disposez-y une couche d'oignon et par-dessus une de pommes de terre. Assaisonnez, puis disposez une couche de tranches d'agneau. Assaisonnez également la viande et recommencez jusqu'à épuisement des ingrédients en terminant par des pommes de terre, et en ayant soin de glisser au milieu le bouquet aromatique.

3 Mouillez avec le restant de bouillon, couvrez la cocotte et mettez au four préchauffé à 180 °C (th. 6). Laissez cuire pendant 2 h.

LA FERME

LES VOLAILLES

Dans votre cabas

Dinde – Les dindes énormes que l'on faisait rôtir à Noël dans le four du boulanger ont disparu, remplacées par des races plus « maniables ». Pour qu'une dinde ne soit pas sèche, il faut la choisir jeune, ce qui se reconnaît à ses pattes. Méfiez-vous de celles qui les ont rouges et écailleuses : elles seront certainement décevantes dans l'assiette.

Poulet – Le poulet a beaucoup souffert de l'élevage industriel. Les choses se sont améliorées depuis quelques années grâce aux diverses labellisations : label rouge, indication géographique protégée ou appellation d'origine contrôlée. Aujourd'hui, pour les citadins, c'est à peu près la seule garantie d'obtenir une volaille correcte, malheureusement. Car, malgré tout, cela n'a que peu à voir avec les volailles soigneusement nourries au grain et engraissées pour finir. Cherchez les poulets élevés de façon traditionnelle.

Pintade – La pintade, méconnue jusque récemment, peut être produite de façon industrielle ou fermière et élevée en plein air mais essayez une pintade élevée à la (vraie) ferme !

Dans votre assiette

Dinde – La chair de la dinde risque toujours d'être sèche, c'est pour cela qu'il est bon de la cuire à l'étouffée ou, rôtie, de l'arroser soigneusement.

Poulet – Quel que soit le mode de cuisson du poulet, il faut veiller à ne pas trop le cuire. Il perd alors beaucoup d'intérêt.

Pintade – Attention au dessèchement à la cuisson. La chair de la pintade s'accorde bien avec le goût et le sucre des fruits – pommes, poires, coings – et les saveurs acidulées – jus d'agrumes, chou.

Dans votre estomac

La chair des volailles est plutôt maigre (surtout celle de la pintade) mais attention à la peau, surtout chez le poulet. C'est une bonne source de protéines, riche en vitamines du groupe B (B6, B12) et en oligo-éléments (zinc, magnésium, phosphore).

Dans votre garde-manger

Les volailles vidées peuvent se conserver quelques jours au réfrigérateur. Cuites, conservez-les deux jours, au maximum.

LES VOLAILLES

PINTADE AUX COINGS

Pour 4 personnes :
1 belle pintade prête à cuire
100 g de beurre • 2 coings
(environ 750 g) • 2 poires
passe-crassane • 1 citron
2 dl de vin blanc • 50 g de
cassonade • 3 filaments de
safran • 1 pincée de
cannelle • sel et poivre

Temps de réalisation :
un peu plus de 1 h 20 min,
dont 30 min d'exécution

Est-ce parce que la pintade a gardé un côté exotique qu'en cuisine on l'associe volontiers aux fruits ? Dans cette recette d'origine portugaise, c'est aux coings, si puissamment aromatiques, qu'on la marie – la poire venant rendre leur parfum plus subtil et apporter du fondant.

Vins :
un pinot gris vendanges
tardives (Kuentz Bas)

À vos fourneaux

1 Coupez le citron en deux. Épluchez tous les fruits, ôtez-en le cœur et les pépins et coupez-les tous en 8 morceaux. Au fur et à mesure, passez une moitié de citron sur toute leur surface pour éviter qu'ils ne noircissent. Dans une casserole, mettez le vin blanc, les épices et la cassonade, puis portez à ébullition. Ajoutez les coings et laissez cuire 5 min. Ajoutez les poires et laissez cuire encore 3 min. Retirez alors la casserole du feu.

2 Préchauffez le four à 180 °C (th. 6). Assaisonnez la pintade, beurrez-la grassement et posez-la, sur une cuisse, dans un plat à rôtir (maintenez-la en place avec une cuiller en bois, par exemple). Enfournez et laissez cuire 20 min dans cette position. Arrosez régulièrement avec le jus de cuisson des fruits.

3 Retournez la volaille sur l'autre cuisse et entourez-la avec les fruits. Laissez la cuire dans cette nouvelle position encore 20 min, en continuant de l'arroser avec le jus de cuisson des fruits. Terminez la cuisson en posant la pintade sur le dos et laissez la cuire encore 20 min, sans cesser de l'arroser régulièrement. Servez la volaille bien chaude, entourée des fruits, le jus en saucière.

LA FERME

DINDE AUX NOIX

Un vrai plat de Noël! Une volaille demande un peu de soin lorsque l'on soulève la peau pour la « truffer » mais la dinde, qui en raison de sa taille se dessèche facilement à la cuisson, reste ici moelleuse : une façon (délicieuse) de rendre sa noblesse à ce volatile.

Pour 6 à 8 personnes :
1 jolie dinde fermière préparée par le volailler
200 g de cerneaux de noix • 300 g de beurre (mou)
1 c. à s. de whisky • 5 feuilles de sauge
400 g de châtaignes prêtes à cuire • 50 g de bacon
1 bulbe de céleri • 20 petits oignons

Temps de réalisation :
un peu plus de 2 h,
dont un peu plus de 30 min d'exécution

Vins :
un vin de voile de Robert Plageoles
pour ses arômes de noix, ou un manzanilla
(Carmen de Bobadilla)

 À vos fourneaux

1 Préparez le beurre de noix : hachez les noix, ciselez les feuilles de sauge et ajoutez-les avec la cuillerée de whisky au beurre en pommade. Travaillez le tout à la spatule pour que les ingrédients soient bien amalgamés. Préchauffez le four à 220 °C (th. 8).

2 À partir du croupion soulevez la peau de la dinde en glissant les doigts entre elle et la chair jusqu'à son cou. Enduisez de beurre de noix la chair de la dinde, puis attachez-lui les pattes et les ailes. Mettez la dinde dans un plat allant au four plus grand qu'elle et pouvant contenir les légumes). Ajoutez-y 2 cuillerées d'eau et enfournez.

3 Épluchez le céleri et détaillez-le en gros dés (1,5 cm de côté). Blanchissez-les 3 min à l'eau bouillante, puis égouttez. Épluchez les petits oignons. Coupez le bacon en petits dés. Mélangez les dés de bacon, ceux de céleri, les oignons et les châtaignes. Lorsque la volaille a cuit 45 min, ajoutez la garniture dans le plat, en la répartissant bien tout autour. Remettez au four pour 1 h encore mais à 180 °C (th. 6) seulement, en prenant soin d'arroser souvent avec le jus de cuisson, auquel vous ajouterez chaque fois une bonne cuillerée d'eau.

LES VOLAILLES

PIE DE VOLAILLE AUX POIREAUX

*Le poireau est l'emblème du pays de Galles, ne l'oublions pas !
et le « pie », une institution anglo-saxonne... Même coupé en morceaux,
le poulet doit être d'excellente qualité.*

Pour 4 à 5 personnes :
1 beau poulet de 1,6 kg, en morceaux • 1 kg de poireaux • 50 g de beurre • 2 dl de crème fraîche
1 branche d'estragon • 200 g de pâte feuilletée
1 jaune d'œuf • sel et poivre • 1 plat à pie en porcelaine de 22 cm de diamètre et 6 cm de haut

Temps de réalisation :
1 h 40 min, dont 45 min d'exécution

Vins :
un volnay (Dominique Lafon ou un volnay « taillepieds » de Montille)

À vos fourneaux

1 Nettoyez soigneusement les poireaux, coupez les en tronçons de 4 cm de longueur et lavez-les à grande eau. Égouttez et mettez-les dans une casserole avec la crème allongée d'un peu d'eau et faites les compoter doucement à couvert pendant 10 min. Dans un sautoir ou une poêle, faites fondre le beurre et mettez-y à revenir les morceaux de poulet pendant 15 min, en faisant très attention que le beurre ne brûle pas. Retournez-les souvent jusqu'à ce qu'ils soient cuits.

2 Débarrassez les morceaux de poulet dans une assiette et laissez-les un peu refroidir avant de les désosser complètement. Égouttez les poireaux et avec leur jus déglacez le sautoir, ou la poêle, qui a servi à la cuisson du poulet. Effeuillez et ciselez l'estragon. Dans le plat, disposez les morceaux de poulet, les poireaux, parsemez d'estragon haché et mouillez avec la sauce obtenue en déglaçant le sautoir. Assaisonnez et laissez refroidir complètement.

3 Pendant ce temps, abaissez la pâte feuilletée de façon qu'elle puisse recouvrir complètement le plat. Préchauffez le four à 200 °C (th. 7). Diluez le jaune d'œuf avec un peu d'eau et passez ce mélange sur les bords du plat pour pouvoir coller le couvercle de pâte. Posez celui-ci sur le plat et dorez-le également au jaune d'œuf. Enfournez et laissez cuire 40 min.

LES DESSERTS

LES DESSERTS

UN PEU D'HISTOIRE

Jusque récemment, les nourritures étaient strictement saisonnières, en particulier dans la cuisine populaire, où il n'était pas question de s'offrir à grands frais, en dehors de quelques produits impossible à trouver localement – le sucre, les épices –, des denrées venues de l'autre bout du monde. Et qui, de toutes façons, en ce qui concerne les produits frais, étaient extrêmement rares. Cette pénurie saisonnière touchait en outre des aliments que l'on ne soupçonne pas aujourd'hui : les œufs, par exemple… ou même le lait, beaucoup plus rare en hiver, ou la farine, qui, lorsque le printemps arrivait, pouvait manquer, ou être gâtée. Et, cependant, les fêtes revenaient, qu'il fallait célébrer dignement (et qui étaient l'occasion de s'accorder quelques douceurs : simple pain « amélioré » de beurre et d'œufs, qui donna naissance aux brioches, ou préparations plus élaborées avec épices, fruits, conserves). D'autant que, sans en arriver à la situation de l'Espagne et du Portugal, où l'occupation principale des couvents semble être de confectionner des centaines de gâteaux et de douceurs, la pâtisserie a toujours été liée à la religion, à toutes les religions. Et ce, bien avant le christianisme (les offrandes de gâteaux aux divinités ont eu lieu depuis toujours dans tous les pays), les cultes païens inspirant quelquefois la religion nouvelle dans ces célébrations. Quoi d'étonnant, donc, à ce que, au-delà de toutes les traditions locales, les desserts reflètent aussi exactement le cours des saisons ?

LES DESSERTS

Le printemps

Si l'on est heureux de revoir le soleil au printemps (bien souvent entre deux nuages, il faut le dire) du point de vue gastronomique, c'est une drôle de saison. En tous cas en ce qui concerne les desserts ! Les fruits ne sont pas encore là – on ne verra les premiers fruits rouges qu'à la fin de la saison – et les provisions que l'on avait pu garder de l'année précédente – les pommes, les poires –, touchent à leur fin. Heureusement, c'est le retour du lait abondant et des œufs. Du moins – si les choses ont un peu changé aujourd'hui –, était-ce le cas autrefois… Et rien n'empêche, lorsque les premières fraises, les framboises ou les cerises pointent leur nez, d'en agrémenter un gâteau ou un bol de lait caillé.

L'été

L'été, c'est la saison des tartes. Il inaugure réellement l'époque des fruits, particulièrement ceux à noyau. Cela commence donc avec les cerises, et celui qui a connu enfant le plaisir de grimper dans les cerisiers pour aller les disputer aux moineaux ne pourra certainement jamais l'oublier… Sur la branche, gorgée de soleil, tiède de la chaleur de l'été qui commence, la cerise est un plaisir inimitable. Comment ne pas succomber ensuite aux appels de la gourmandise ? C'est également vrai pour les abricots, les pêches et toutes les prunes qui suivent. Cueillies sur des arbres, dans des jardins… toutes ces variétés que l'on bichonnait n'étaient pas faites pour résister aux aléas des transports mais simplement pour satisfaire les gourmands. On n'a peu l'habitude en France de manger du melon (ou l'un de ses cousins) au dessert : on devrait… ils sont si rafraîchissants !

L'automne

Dès la fin de l'été commencent à arriver les fruits à pépins – les pommes, les poires, les coings, les raisins –, tous ces fruits qu'autrefois l'on prolongeait amoureusement en les stockant avec délicatesse pour nous réjouir jusqu'au cœur de l'hiver. En attendant, ils sont

LES DESSERTS

là. Et frais ! Profitons-en : non seulement tous ces fruits accompagnent merveilleusement les nourritures de l'automne, en particulier le gibier, mais ils sont extrêmement accommodants et permettent toutes sortes de fantaisies sucrées. Très répandus, le plus souvent, ils sont à l'origine un peu partout de mille et une recettes traditionnelles. C'est également la saison des conserves, celle où l'on fait des provisions. Beaucoup concernent les fruits : pâtes de coing, sucres de pomme, pruneaux, poires et pommes tapées (une technique de dessiccation proche de celle qui sert pour le pruneau, mais on finit par aplatir les fruits, d'où leur nom, pour qu'ils prennent moins de place).

L'HIVER

L'hiver, c'est la saison des fruits secs, des « fruits en bois », celle des agrumes, qui nous viennent des pays du soleil… C'est aussi l'une des périodes les plus riches en gâteaux traditionnels, liés aux grandes fêtes. Noël, jour des Rois, Chandeleur, carnaval. Les galettes ou les couronnes des Rois, les crêpes de toutes sortes (qui semblent être une habitude celtique car on les trouve d'Irlande en Galice), à Noël, à la Chandeleur ou au mardi gras. Enfin, les beignets, qui, sous toutes leurs formes, sont certainement la friandise la plus appréciée des « jours gras » : de pâte levée ou non, on en trouve partout.

LE POINT DE VUE DU CHEF

Il en est des fruits comme du reste : l'alimentation moderne tend à réduire le nombre de variétés, à les rendre plus conformes à des exigences strictement commerciales. Chaque fois que vous le pouvez, cherchez sur les marchés les producteurs qui cultivent encore des espèces anciennes, elles sont un trésor qu'il ne faut pas laisser perdre. Chaque région avait ses propres fruits, qui étaient juste un peu différents de ceux de la région voisine et qui faisaient que l'on pouvait, en croquant dans une pomme, se sentir chez soi : à préserver, autant que possible… et, surtout, sans traitement !

CAILLEBOTTES VENDÉENNES

Pour 4 personnes :
1 l de lait cru
présure
500 g de framboises
120 g de sucre

Temps de réalisation :
5 min la veille
25 min le jour même, dont
10 min d'exécution

Vins :
de l'eau bien fraîche !

*Les caillebottes sont très appréciées dans tout l'Ouest de la France.
La présure, qui provient de l'estomac du veau ou de l'agneau, s'achète aujourd'hui en pharmacie. Autrefois on ne tuait pas tous les jours ces animaux et l'on se servait souvent du suc de certains chardons ou de l'artichaut. Mais plus question de trouver ceux-ci dans le commerce aujourd'hui !*

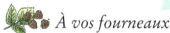 *À vos fourneaux*

1 La veille, faites tiédir le lait et versez-le dans une jatte en lui ajoutant la présure. Laissez reposer toute la nuit.

2 Le jour même, de la pointe d'un couteau faites un quadrillage dans le caillé puis mettez la jatte au bain-marie, à feu doux, et laissez-la ainsi 20 min environ, puis réservez au frais.

3 Faites un coulis avec les framboises et le sucre en les écrasant au mixer. Passez ensuite au chinois. Égouttez alors les caillebottes (le caillé) et servez-les accompagnées du coulis.

Gâteau basque

Pour un gâteau de 22 cm de diamètre :
350 g de farine
1 œuf entier
2 jaunes d'œuf
250 g de sucre
200 g de beurre mou
1 pincée de sel
1 zeste de citron
250 g de marmelade fraîche de cerises noires
beurre et farine pour le moule

Temps de réalisation :
un peu plus de 45 min, dont 30 min de cuisson, quelques heures à l'avance

Vins :
une izarra jaune, plus douce que la verte, plus alcoolisée

Le gâteau basque semble avoir été créé sous la Restauration par Marianne Hirigoyen, pâtissière à Cambo-les-Bains. Traditionnellement il est fourni avec une marmelade de cerises d'Ixtassou, petit village voisin. Il existe plusieurs variétés de ces cerises légèrement acides, intermédiaires entre guignes et griottes : gehesia-belxa (cerise noire) et les peloa sont celles utilisées pour préparer cette confiture.

🍒 À vos fourneaux

1 Allumez le four et préchauffez à 200 °C (th. 7). Mélangez la farine, l'œuf entier plus un jaune, le sucre, le sel, le beurre ramolli et le zeste de citron râpé.

2 Beurrez et farinez un moule de 22 cm de diamètre et versez-y les deux tiers de la pâte, recouvrez de marmelade de cerises en laissant un bord de 1 cm. Versez le reste de pâte. Dorez avec le second jaune d'œuf dilué de quelques gouttes d'eau.

3 Mettez au four et faites cuire 30 min. Laissez refroidir avant de démouler.

LE PRINTEMPS

TOURTEAU FROMAGÉ

Pour une tourtière de 22 cm de diamètre :
250 g de pâte brisée

garniture :
300 g de fromage de chèvre
5 œufs
50 g de farine
50 g de Maïzena
50 g de sucre vanillé (facultatif)
1 pincée de sel

Temps de réalisation :
1 h 15 min, dont 45 min de cuisson

Vins :
un pineau des Charentes vieux (dix ans d'âge)

Fromagé, fromageou, galette de labourou, quel que soit son nom, le tourteau fromagé est, au moins depuis le milieu du XIXe siècle, une grande spécialité du Poitou, région où l'élevage des chèvres est toujours important. La désaffection pour le fromage de chèvre durant de nombreuses années a permis la naissance d'une petite industrie de ce dessert traditionnel – il s'en exporte même au Japon ! – mais il est bien plus amusant (et certainement bien meilleur) de le faire soi-même. C'était une gourmandise que l'on confectionnait au printemps, à la période où les chèvres donnent du lait.
La préparation au fromage gonfle pendant la cuisson et prend une couleur foncée, presque noire.

À vos fourneaux

1 Allumez le four et préchauffez à 150 °C (th. 5). Foncez un moule rond à manqué de 20 cm de diamètre et 5 cm de hauteur beurré contenant la pâte brisée. Garnissez ce fond de haricots secs et cuisez-le à blanc pendant 10 min. Retirez les haricots, laissez refroidir ce fond de tarte.

2 Séparez les jaunes d'œuf des blancs et mélangez le fromage de chèvre, le sucre, la farine, la Maïzena et les jaunes. Battez les blancs en neige bien fermes, incorporez-les à la préparation précédente puis garnissez-en le fond de pâte brisée.

3 Mettez au four (toujours réglé à la même température : 150 °C (th. 5) et faites cuire 45 min. Le dessus de la croûte doit être d'une couleur assez foncée.

LES DESSERTS

Tartine d'abricots à la lavande

Pour 4 personnes :
4 belles tranches de brioche
80 g de beurre
1 kg d'abricots
100 g de sucre
3 blancs d'œuf
100 g de sucre glace
1 c. à c. de fleurs de lavande

Temps de réalisation :
35 min, dont 20 min d'exécution de une à plusieurs heures à l'avance

Vins :
un vin moelleux de Tarragone

Un kilo d'abricots, cela semble peut-être un peu beaucoup, mais s'ils sont bons, cela risque de ne pas être assez : il faut prévoir ceux qui ne manqueront pas d'être mangés pendant la préparation du plat ! C'est l'hiver, il fait gris et froid, et vous avez envie de ce dessert d'été pour vous apporter un rayon de soleil. Mais vous n'avez pas d'abricots ! Remplacez-les par une bonne confiture d'abricots (par exemple, celle de Christine Ferber, qui est merveilleuse).
La meringue doit être saisie plus que franchement cuite, (et éventuellement, d'ailleurs, un peu brunie par la chaleur) comme dans une omelette norvégienne. La lavande qui la parsème fait perdre au blanc d'œuf son goût douceâtre, un peu écœurant.

À vos fourneaux

1 Préchauffez le four à 200 °C (th. 7). Beurrez les tranches de brioche. Dénoyautez les abricots et rangez-les au fur et à mesure sur les tranches de brioche, face coupée vers le haut, puis saupoudrez-les de sucre. Mettez au four 15 min.

2 Pendant ce temps, préparez la meringue : montez les blancs en neige, ajoutez le sucre glace lorsqu'ils commencent à bien prendre, puis continuez de battre. Sortez les tartines du four, étalez la meringue sur les abricots. Saupoudrez de fleurs de lavande puis remettez au four pendant 10 min.

3 Servez tiède ou froid, au choix.

L'ÉTÉ

Gâteau à l'angélique

Pour un gâteau de 22 cm de diamètre :
250 g de sucre
250 g de beurre
250 g de farine
4 œufs
2 c. à s. de liqueur d'angélique
2 bâtons d'angélique
1 sachet de levure chimique
beurre et farine pour le moule

Temps de réalisation :
un peu moins de 1 h dont 25 min de cuisson

Vins :
un madère (Malmsey)

L'angélique est une grande spécialité de la ville de Niort, et ce depuis des siècles semble-t-il (en tous cas, depuis le XVIIIe au moins). Brillat-Savarin attribuait l'invention de l'angélique confite à des sœurs visitandines de cette ville mais cela n'est pas certain. La plante était également très appréciée, dès cette époque, pour confectionner une liqueur appelée vespetro, dont on vantait les vertus digestives. Cette recette-ci emploie l'angélique sous ses deux formes : elle procure à ce gâteau très facile à réaliser, une saveur douce et un peu herbacée, très fraîche.

À vos fourneaux

1 Faites fondre le beurre à feu très doux et laissez-le refroidir. Préchauffez le four à 180 °C (th. 6). Dans une jatte, travaillez les œufs avec le sucre jusqu'à ce que le mélange blanchisse. Ajoutez le beurre fondu et la liqueur d'angélique, mélangez bien le tout.

2 Coupez les bâtons d'angélique en petits dés. Dans un bol, mélangez la farine, l'angélique coupée en dés et la levure chimique, puis ajoutez petit à petit ce mélange au précédent, en travaillant le tout délicatement.

3 Beurrez et farinez un moule rond à manqué de 22 cm de diamètre et versez-y la pâte. Enfournez et cuisez pendant 25 min.

LES DESSERTS

PRUNES ÉPICÉES AU CHOCOLAT

Pour 4 personnes :
prunes épicées :
1 k de prunes (quetsches) très grosses
1/2 l de porto rouge
1/2 l de vin rouge
10 fleurs de camomille
1 bâton de cannelle
1 gousse de vanille
1 étoile d'anis
250 g de sucre

mousse au chocolat :
250 g de chocolat noir
1 tasse de café très fort
1 c. à c. de cacao en poudre
250 g de crème

Temps de réalisation :
25 min (entièrement d'exécution) plusieurs heures à l'avance quelques minutes au moment de servir

Vins :
un porto vintage (Burmeister)

Un bel équilibre entre douceur et amertume : la camomille contrebalance le sucre. Ainsi préparée, la mousse au chocolat est délicieuse, légère, sans avoir le côté douceâtre un peu écœurant que peuvent apporter les blancs d'œuf. La crème tempère la puissance du chocolat, mais aussi celle du vin aux épices. Pour réussir une belle crème fouettée, il existe deux méthodes. La première préconise d'utiliser de la crème fleurette très froide et de la battre dans un récipient lui-même glacé (c'est la méthode indiquée ci-dessous). La seconde est parfaite lorsqu'on est un peu distrait, que l'on n'a dans son réfrigérateur que de la crème épaisse et que l'on a oublié de mettre le récipient à refroidir… Il suffit de concasser deux glaçons (placés dans un torchon et frappés sur le bord de l'évier ou du plan de travail) et de les ajouter à la crème épaisse à température ambiante : ils refroidissent jatte et crème en même temps et liquéfient la crème du même coup.

À vos fourneaux

1 Placez un saladier assez grand et la crème au congélateur. Faites bouillir le vin et le porto avec le sucre, toutes les épices et la camomille (mettez-les dans une grosse boule à thé : vous pourrez les sortir plus facilement). Ajoutez les prunes, faites pocher 20 min à feu très doux puis laissez refroidir dans le jus de cuisson.

2 Préparez la mousse au chocolat : faites fondre au bain-marie le chocolat avec le café (mettez une jatte dans une grande casserole d'eau bouillante), puis ajoutez le cacao. D'autre part, fouettez la crème, très froide, dans le saladier, très froid lui aussi, puis incorporez-la délicatement au chocolat au café. Réservez au réfrigérateur.

3 Au moment de servir, faites tiédir les prunes dans leur jus de cuisson. Mettez 4 prunes dans chaque assiette avec une quenelle de mousse au chocolat. Arrosez avec un filet de jus de cuisson.

COMPOTE DE PASTÈQUE

Pour 1 pastèque :
1 grosse pastèque
1 bouteille de vin blanc
350 g de cassonade
1 gousse de vanille
2 bâtons de cannelle
1 c. à c. de graines de fenouil
1 c. à c. de poivre noir
1 zeste d'orange

Temps de réalisation :
20-30 min d'exécution, plusieurs heures à l'avance

Vins :
un xérès cream, très doux

Un dessert très frais. La pastèque, qui est un peu fade, voit son goût relevé par les épices. On a d'ailleurs intérêt à choisir, pour préparer cette compote, un vin assez vif et fruité (un sauvignon, par exemple). Débiter la pastèque en petites boules est peut-être plus joli mais pas indispensable.

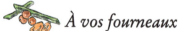 *À vos fourneaux*

1 Fendez la gousse de vanille en deux et avec une petite cuiller grattez les graines et faites-les tomber dans une casserole. Ajoutez le vin et la cassonade et faites bouillir. Lorsque le sirop bout, mélangez pour bien faire fondre le sucre, ajoutez toutes les épices et le zeste d'orange. Éteignez le feu, couvrez et laissez refroidir.

2 Coupez la pastèque en quartiers, enlevez les pépins et débitez-la en boules à l'aide d'une cuiller parisienne, ou, plus simplement, en cubes. Réservez dans un compotier et couvrez de film alimentaire.

3 Lorsque le sirop est complètement froid, versez-le sur la pastèque, mettez au réfrigérateur et servez bien frais.

L'AUTOMNE

Raisin au porto

Pour 6 personnes :
1/4 l de porto
250 g de raisin muscat de Hambourg
1/2 gousse de vanille
1 l de glace pistache

Temps de réalisation :
20-30 min d'exécution, plusieurs heures à l'avance

Vins :
un porto vintage, bien sûr…

Avec ses arômes de fruits très mûrs (raisin mais aussi cerise, avec son goût typique de noyau qui lui fait trouver des échos dans la glace à la pistache), le porto s'accorde parfaitement avec le parfum frais et profond du raisin muscat. Peler et épépiner les grains de raisin, même si cela peut paraître fastidieux, est absolument indispensable : ce dessert doit être sans aspérité et il doit parfaitement « glisser ». La macération à température ambiante permet aux arômes de se fondre. La vanille apporte au mélange une certaine rondeur…
Un dessert pour une belle journée d'automne, lorsque le soleil, déjà moins chaud, est encore malgré tout bien présent.

À vos fourneaux

1 Égrenez, pelez et épépinez les grains de raisin. Mettez-les au fur et à mesure dans un compotier avec la 1/2 gousse de vanille fendue en deux et le porto. Laissez reposer 2 h à température ambiante.

2 Passé ce laps de temps, mettez au réfrigérateur suffisamment longtemps pour que la préparation soit bien fraîche.

3 Au moment de servir, répartissez les grains de raisin dans des coupelles et accompagnez-les d'une quenelle de glace pistache moulée à la cuiller.

LES DESSERTS

POIRES POCHÉES AU SAUTERNES

Pour 5 à 6 personnes :
1 kg de poires
1 bouteille de sauternes
1 gousse de vanille
5 stigmates de safran
150 g de miel

Temps de réalisation :
30 min, dont 10 min d'exécution, plusieurs heures à l'avance

Vins :
un sauternes, bien sûr
(Château Sahue-les-Tours)

Quelle poire choisir ? En automne, une doyenné du comice certainement, quoique l'accord avec le sauternes soit peut-être un peu « ton sur ton ». Tout dans la douceur… Un fruit légèrement plus acidulé, une louise-bonne, une conférence – si décorative avec sa forme très allongée –, amènera peut-être quelque chose de plus nerveux. En hiver, une poire-curé.

 ## À vos fourneaux

1 Mettez le vin à bouillir, ajoutez le miel, les graines de la gousse de vanille fendue et grattée, ainsi que le safran. Mélangez soigneusement jusqu'à ce que le miel soit parfaitement dissous.

2 Épluchez les poires en les gardant entières, avec la queue. Plongez les poires dans le liquide et faites-les cuire 20 min à tout petit frémissement. Éteignez le feu puis laissez refroidir dans le sirop.

3 Lorsque les fruits sont froids, disposez-les dans un compotier, versez le sirop dessus, couvrez avec un film et mettez au réfrigérateur. Servez bien frais.

Apple pie

Pour un moule de 22 cm de diamètre :
pâte à tarte :
250 g de farine • 250 g de beurre • 125 g de cassonade
1 jaune d'œuf pour dorer
beurre et farine pour le moule

garniture :
1 kg de pommes fruits
150 g de cassonade
cannelle en poudre

Temps de réalisation :
10 min au moins
1 h à l'avance
1 h, dont 45 min de cuisson

Salés ou sucrés, les « pies » font partie de la tradition gourmande des pays anglo-saxons : celui-ci est un grand classique, auquel la cassonade apporte un goût que ne lui donnerait jamais du simple sucre en poudre. Indispensables : la cannelle, bien sûr, mais surtout la crème.

Vins : un petit verre de calvados

À vos fourneaux

1 Préchauffez le four à 200 °C (th. 7). Préparez la pâte avec tous les éléments et laissez reposer au moins 1 h. Abaissez la moitié de la pâte au rouleau. Beurrez et farinez une tourtière de 22 cm de diamètre et foncez-la avec cette abaisse en laissant dépasser un peu de pâte.

2 Épluchez les pommes, ôtez le cœur et coupez-les finement. Garnissez la tourtière avec les tranches de pommes, sucrez à la cassonade, saupoudrez d'un peu de cannelle entre chaque couche de fruit.

3 Abaissez le reste de pâte et découpez un disque d'un diamètre légèrement supérieur à celui de la tourtière. Allongez le jaune d'œuf d'un peu d'eau et, au pinceau, dorez la partie de pâte qui dépasse du moule. Posez le couvercle et roulez les bords en les pinçant pour bien les souder. Créez une cheminée ou tailladez le couvercle ici et là avec la pointe d'un couteau (de façon décorative !). Dorez le dessus avec le reste du jaune d'œuf.

4 Mettez au four pendant 45 min. Servez encore tiède, avec de la crème fouettée.

LES DESSERTS

CAKE DE LA SAINT-PATRICK

Pour un moule à cake de 20 cm de longueur :
125 g de beurre • 200 g de cassonade • 50 g de miel 2 œufs • 250 g de farine 150 g de raisins de Corinthe 150 g de raisins Smyrne 50 g de cerises confites 50 g d'écorces confites 50 g d'amandes • 15 cl de bière irlandaise • beurre pour le moule

Temps de réalisation :
1 h 20 min, dont 1 h de cuisson, plusieurs heures, voire plusieurs jours, à l'avance

Vins :
un madère élevé en solera, système complexe de barriques où, à mesure que les vins les plus vieux sont soutirés, on ajoute des vins plus jeunes (celui de Sercial)

Ce gâteau, d'inspiration irlandaise, peut se consommer tout de suite mais il est encore meilleur après quelques jours. Tout le problème est dans la résistance à la gourmandise. Parfait à la fin de l'hiver quand les fruits sont rares. La bière, qui aide la pâte à lever, apporte une saveur tout à fait particulière, renforçant celle de la cassonade.

 *À vos fourneaux*

1 Préchauffez le four à 180 °C (th. 6). Mélangez le beurre en pommade, la cassonade, le miel. Ajoutez les œufs entiers, la farine, les fruits confits et les amandes. Mouillez avec la bière.

2 Beurrez un moule à cake et chemisez-le de papier sulfurisé beurré puis versez la pâte dedans. Enfournez et faites cuire à 180 °C pendant 1 h. Démoulez encore chaud et laissez refroidir sur une grille.

Flan à l'orange des Açores

Pour 6 personnes :
12 œufs
300 g de sucre
1 gousse de vanille
6 oranges
6 stigmates de safran

caramel :
100 g de sucre
10 cl d'eau

Temps de réalisation :
environ 1 h 30 min, dont un peu moins de 30 min d'exécution, au moins 12 h à l'avance

Vins :
un madère (Bual)

Les Portugais sont les rois des desserts, notamment des crèmes et des flans, et il ne faut pas oublier que ce sont ces grands navigateurs qui, outre nombre d'épices, ont introduit en Europe, au XVIe siècle, les oranges douces, que l'on appelait oranges de Lisbonne ou du Portugal...
Ce dessert, vraiment typique, doux et très parfumé, associe donc plusieurs traits de la gastronomie portugaise : les agrumes, les crèmes aux œufs, les épices. Le madère est tout indiqué pour l'accompagner : il a la rondeur nécessaire pour épouser celle du flan et des arômes d'écorces confites, qui lui font retrouver ceux de l'orange...

 ## À vos fourneaux

1 Préchauffez le four à 150 °C (th. 5). Prélevez le zeste de 3 oranges au zesteur (ou au couteau-éplucheur) puis hachez-le finement et réservez. Pressez les 6 oranges. Mélangez les œufs et le sucre sans les faire mousser puis ajoutez les zestes hachés, le safran, les graines de la vanille (que vous gratterez avec une cuiller après avoir fendu la gousse en deux sur toute sa longueur). Ajoutez le jus des oranges.

2 Faites un caramel avec le sucre et l'eau, en le laissant juste blondir, chemisez-en un moule. Versez le mélange dans le moule chemisé de caramel. Posez le moule dans un plat plus grand pouvant faire office de bain-marie et remplissez celui-ci aux deux tiers d'eau bouillante.

3 Enfournez et laissez cuire 1 h. Sortez le moule du bain-marie et laissez refroidir 12 h au frais avant de démouler.

LES DESSERTS

BOTTEREAUX

Pour 6 à 8 personnes :
500 g de farine
3 œufs
150 g de beurre demi-sel
100 g de sucre
1 sachet de levure chimique
1 petit verre de marasquin
1 bassine de friture et son huile • sucre glace

Temps de réalisation :
15 min, la veille
10 min de préparation plus
15-30 min pour la friture

Vins :
un coteaux-du-layon
(Château Pierre Bise)

Bottereaux, foutimassons, tourtisseaux, c'est la version des beignets de carnaval ou de la Chandeleur que l'on retrouve en Vendée et dans tout le Pays nantais, et auxquels le beurre demi-sel apporte un goût particulier. On peut les rendre plus ou moins moelleux selon l'épaisseur à laquelle on abaisse la pâte. Mais ce qui compte bien davantage, c'est de ne pas lésiner sur le sucre : ils doivent être bien poudrés.

Il est vraiment important de ne pas les faire cuire en grosses quantités : cela fait tomber brutalement la température de la friture, la surface des bottereaux n'est pas saisie et la pâte peut alors se gorger de gras... C'est épouvantable ! Quelques-uns à la fois, seulement : ainsi, il ont le temps de refroidir un peu et, bien qu'on puisse les manger froids, ils sont incomparablement meilleurs tièdes.

L'HIVER

À vos fourneaux

1 La veille, faites fondre le beurre à feu très doux et laissez-le refroidir. Mélangez dans une jatte la farine, les œufs, la levure, le beurre fondu, le sucre et le marasquin. Pétrissez pour obtenir une pâte bien homogène et enveloppez-la dans du film alimentaire. Laissez reposer 24 h.

2 Le jour même, abaissez la pâte au rouleau à 3 mm d'épaisseur et taillez dedans, à la roulette des losanges de 5 cm de côté.

3 Faites chauffer la friture à 140 °C et mettez-y les losanges à frire 3-4 minutes, par petites quantités. Retournez-les à mi-cuisson en vous aidant d'une écumoire (l'écumoire-araignée est parfaite pour cela : elle laisse échapper l'huile immédiatement), puis égouttez-les au fur et à mesure sur du papier absorbant. Servez les bottereaux largement saupoudrés de sucre glace.

MERVEILLES

Pour 6-8 personnes :
500 g de farine • 150 g de beurre • 100 g de sucre • 4 œufs • 1/2 gousse de vanille • 1/2 paquet de levure chimique
1 c. à s. de fleur d'oranger
1 bassine de friture et son huile • sucre glace

Temps de réalisation :
15 min 3 h à l'avance
10 min d'exécution plus 20 à 30 min pour la friture

Vins :
un verre d'armagnac (Darroze), lorsque l'on mange les merveilles avec le café

Le nom de merveilles est très souvent utilisé pour les beignets (les bottereaux portent également ce nom dans certains villages). Ici, il s'agit d'une version méridionale, très appréciée dans les Landes où, autrefois, on les préparait pour Noël, carnaval, et les jours où l'on tuait le cochon. Aujourd'hui, elles sont de rigueur pour mardi gras et mi-carême. Comme pour toutes ces préparations traditionnelles, il y a autant de recettes que de maîtresses de maison : un peu plus ou un peu moins de sucre, du beurre ou non… Il n'y a pas si longtemps, on les faisait encore frire dans la graisse d'oie. On les mange poudrées de sucre glace ou de sucre vanillé.

À vos fourneaux

1 Travaillez bien le beurre en pommade, ajoutez les œufs entiers, le sucre, la gousse de vanille grattée, l'eau de fleur d'oranger. Lorsque le mélange est bien homogène, ajoutez la farine et la levure chimique. Travaillez la pâte juste ce qu'il faut pour incorporer la farine, sinon elle devient trop élastique. Couvrez la pâte avec un torchon et laissez reposer pendant 3 h.

2 Faites chauffer la friture à 175 °C. Abaissez la pâte au rouleau à 5 mm d'épaisseur et taillez les merveilles à l'emporte-pièce cannelé.

3 Mettez-les à frire par petites quantités pour ne pas refroidir la friture, jusqu'à ce qu'elles soient bien dorées. Sortez-les au fur et à mesure à l'écumoire et mettez-les à égoutter sur du papier absorbant. Épongez-les soigneusement pour éliminer tout gras excédentaire avant de les saupoudrer de sucre glace.

LES ANNEXES

246	**BIBLIOGRAPHIE**
247	**TABLE DES PRODUITS**
248	**TABLE DES RECETTES**
250	**INDEX DES PRODUITS**
251	**INDEX DES RECETTES**
255	**REMERCIEMENTS**

Bibliographie

L'inventaire du patrimoine culinaire de la France / tomes consacrés aux régions suivantes : Bretagne, Pays de Loire, Poitou-Charentes, Aquitaine (collectif ; éd. Albin Michel / CNAC)

Boued / expressions culinaires bretonnes, de Patrick Hervé (éd. Skol Vreizh)

L'Amateur de cuisine, de Jean-Philippe Derenne (éd. Stock, 1996)

Cuisine celtique & chaudron magique, par Jean Markale et Valérie Jones (éd. Entente, coll. Saveurs, 1988)

Guide du Gastronome en Espagne, de Raymond Dumay (éd. Stock, 1970)

Larousse Gastronomique, (collectif ; éd. Larousse, 1984)

Larousse Ménager, (collectif ; éd. Larousse, 1926)

Le roman du potager, de Colette Gouvion & Marielle Hucliez (éd. du Rouergue)

Des légumes, de Jean-Marie Pelt (éd. Fayard)

La Pêche à pied, de Frédéric Mazeaud (éd. Hoëbeke, 1994)

Poulpes, Seiches, Calmars, mythes & gastronomie, de Vladimir Biaggi & Jean Arnaud (éd. Jeanne Lafitte)

La Morue, brochure éditée par le Comité de propagande pour la consommation de la morue dans les années 50

Dossiers du Fiom (Fonds d'Intervention et d'Organisation des Marchés des produits de la pêche maritime et des cultures marines)

Dossiers de l'Aprifel

Le goût de l'Espagne, par Xavier Domingo (éd. Flammarion, 1992)

Le grand livre de la volaille, par Georges Blanc et Céline Vence (éd. Robert Laffont, 1991)

Le jardin des hommes, par Jean-Baptiste de Vilmorin et Marcel Clébant (éd. Le Pré aux Clercs, 1996)

Nature & Cuisine, sous la direction de Michael Ditter (éd. Könemann, 1997)

Le grand livre des fruits et légumes, par Daniel Meiller et Paul Vannier (éd. de la Manufacture, 1991)

Memento des fruits et légumes, édité par le Centre technique interprofessionnel des fruits et légumes (4e éd., 1990)

Histoire naturelle & morale de la nourriture, par Maguelonne Toussaint-Samat (éd. Bordas, 1987)

Géographie alimentaire de l'Europe atlantique, par Pierre Flatrès (in Alimentation & régions, collectif, éd. des Presses Universitaires de Nancy, 1989)

Scottish cookery, par Catherine Brown (éd. Chambers, Edimbourg, 1985)

Table des produits

La pêche à pied, 12
Le Bigorneau, 14
Le Bulot, 18
L'Huître, 22
La Moule, 26
La Palourde et la praire, 30
Le Pétoncle, 34

La pêche au casier, 40
Les Céphalopodes, 42
Les Crabes, 46
La Crevette, 52
Le Homard, 56
La Langoustine, 60

La pêche d'estuaire, 66
L'Alose, 68
L'Anguille, 72
La Lamproie, 78
Les Pibales, 82
Le Saumon, 86

La pêche au noble, 92
Le Bar, 94
La Daurade royale, 98
Le Saint-Pierre, 102
La Sole, 106
Le Turbot, 110

La pêche côtière, 116
Le Colin, 118
Le Cabillaud, 122
La Godaille, 128
La Sardine, 134
Le Thon, 138
La Saint-Jacques, 144

Le Potager, 150
Le Chou, 152
Les Légumineuses, 156
Les Bulbes, 162
La Pomme de terre, 166
Les Racines, 172

Les Champs, 180
L'Avoine et l'orge, 182
Le Maïs, 186
Le Riz, 190
Le Sarrasin, 194

La Ferme, 200
Le Canard, 202
Le Cochon, 206
Le Lapin, 210
Le Mouton, 214
Les Volailles, 220

Les Desserts, 226

Table des recettes

La pêche à pied, 12
Bigorneaux au court-bouillon, 15
Mulet aux bigorneaux, 16
Marinade de coquillages, 17
Court-bouillon de bulots, 19
Cassolettes de bulots, 20
Huîtres à la bordelaise, 23
Soupe aux huîtres, 24
Mouclade, 27
Éclade de moules, 28
Palourdes à la cataplana, 31
Petite soupe de praires à l'orange, 32
Praires au thym, 33
Pétoncles noirs, 35
Soupière de pétoncles, 36

La pêche au casier, 40
Blancs de seiche farcis, 43
Encornets de Galice, 44
Chipirons poêlés, 45
Galettes de tourteau aux pommes épicées, 47
Soupe de tourteau à la bière, 48
Araignée basquaise, 50
Bisque de crevettes, 53
Bouquets roses au calvados, 54
Crevettes poêlées au curry, 55
Homard au porto, 57
Homard aux girolles et aux palourdes, 58
Homard aux algues, 59
Langoustines poêlées aux herbes, 61
Soupe de langoustines, 62
Grosses langoustines grillées, 63

La pêche d'estuaire, 66
Alose à l'oseille, 69
Alose au vinaigre, 70
Anguille en cocotte au safran, 73
Matelote au muscadet, 74

Pâté d'anguille aux herbes, 76
Lamproie rôtie au riz, 79
Lamproie à la bordelaise, 80
Rémoulade de civelles, 83
Pibales de l'Adour, 84
Soupe de saumon aux orties, 87
Salade de saumon au blé noir, 88
Cultivateur de saumon, macération d'herbes potagères, 89

La pêche au noble, 92
Bar aux cèpes, 95
Bar à la Guiness, 96
Daurade en croûte de sel, 99
Daurade bohémienne, 100
Daurade aux courgettes et aux noix, 101
Saint-Pierre " bio-vert ", 103
Saint-Pierre en cocotte, 104
Sole aux crevettes, 107
Sole au lillet, 108
Turbot rôti, chutney des Açores, 111
Turbot poché à l'irlandaise, 112
Turbot à la rhubarbe, 113

La pêche côtière, 116
Colin de Santander, 119
Dos de colin au tapioca, 121
Langues de morue aux pois chiches, 123
Morue aux poireaux, 124
Croquettes de morue, 126
Boulangère de cabillaud, 127
Grondin rôti au jambon de Bayonne, 129
Harengs marinés, 131
Maquereau au chou, 132
Marinade de carrelet, 133
Sardines aux œufs, 135
Beignets de sardines, 136

TABLE DES RECETTES

Tartines de sardines, 137
Thon braisé au porto, 139
Charlotte de thon, 140
Thon "Belle jardinière", 142
Saint-Jacques au sauternes, 145
Barquettes de Saint-Jacques
 marinées, 146
Coquilles Saint-Jacques en chemise,
 vinaigrette truffée, 147

LE POTAGER, 150
Poêlée de chou vert, 153
Velouté de chou vert, 154
Velouté de chou-fleur aux coques, 155
Fabada, 157
Galimafrée, 158
Haricot de mouton, 160
Soupe de lait à l'oignon, 163
Galette d'oignons, 164
Entrecôte à la bordelaise, 165
Purée de pommes de terre, 167
Blanquette de pommes de terre, 168
Ragoût de pommes de terre, 169
Tortilla, 170
Salade de carottes, 173
Daube du Béarn, 174
Pieds de porc aux feuilles de navet, 176
Rutabaga en melon, 177

LES CHAMPS, 180
Cooki Leeki, 183
Brochettes d'avoine au lard, 184
Cruchades, 187
Gaspacho landais, 188
Soupe Linquisa, 189
Gâteau de riz forestier, 191
Riz aux coquillages, 192

Saucisses au riz épicé, 193
Far de blé noir, 195
Galettes de blé noir, 196
Goujonettes de sole au sarrasin, 197

LA FERME, 200
Caneton au porto, 203
Canard fourré aux pommes, 204
Tête de porc rôtie et pressée, 207
Côte de porc fermier, belles de Fontenay
 et petits oignons nouveaux , 208
Sauté de porc à la bière, 209
Lapin au cidre, 211
Lapin à la gelée, 212
Agneau en croûte de sel, 215
Crépinette d'agneau au cumin, 216
Gigot d'agneau
 au vin de bonnezeaux, 218
Irish Stew, 219
Pintade aux coings, 221
Dinde aux noix, 222
Pie de volaille aux poireaux, 223

LES DESSERTS, 226
Caillebottes vendéennes, 229
Gâteau basque, 230
Tourteau fromagé, 231
Tartine d'abricots à la lavande, 232
Prunes épicées au chocolat, 233
Gâteau à l'angélique, 235
Compote de pastèque, 236
Raisin au porto, 237
Poires pochées au sauternes, 238
Apple pie, 239
Cake de la Saint-Patrick, 240
Bottereaux, 241
Flan à l'orange des Açores, 243
Merveilles, 244

Index des produits

Alose, 68
Anguille, 72
Avoine et orge, 182
Bar, 94
Bigorneau, 14
Bulbes, 162
Bulot, 18
Cabillaud, 122
Canard, 202
Céphalopodes, 42
Choux, 152
Cochon, 206
Colin, 118
Crabes, 46

Crevette, 52
Daurade royale, 98
Godaille, 128
Huître, 22
Homard, 56
Lamproie, 78
Langoustine, 60
Lapin, 210
Légumineuses, 156
Maïs, 186
Moule, 26
Mouton, 214
Palourde et praire, 30
Pétoncle, 34

Pibales, 82
Pomme de terre, 166
Racines, 172
Riz, 190
Saint-Jacques, 144
Saint-Pierre, 102
Sardine, 134
Sarrasin, 194
Saumon, 86
Sole, 106
Thon, 138
Turbot, 110
Volailles, 220

Index des recettes

Agneau en croûte de sel, 215
Alose à l'oseille, 69
Alose au vinaigre, 70
Anguille en cocotte au safran, 73
Apple pie, 239
Araignée basquaise, 50
Bar à la Guiness, 96
Bar aux cèpes, 95
Barquettes de Saint-Jacques marinées, 146
Beignets de sardines, 136
Bigorneaux au court-bouillon, 15
Bisque de crevettes, 53
Blancs de seiche farcis, 43
Blanquette de pommes de terre, 168
Bottereaux, 241
Boulangère de cabillaud, 127
Bouquets roses au calvados, 54
Brochettes d'avoine au lard, 184
Caillebottes vendéennes, 229
Cake de la Saint-Patrick, 240
Canard fourré aux pommes, 204
Caneton au porto, 203
Cassolettes de bulots, 20
Charlotte de thon, 140
Chipirons poêlés, 45
Colin de Santander, 119
Compote de pastèque, 237
Cooki Leeki, 183
Coquilles Saint-Jacques en chemise, vinaigrette truffée, 147
Côte de porc fermier, belles de Fontenay et petits oignons nouveaux, 208
Court-bouillon de bulots, 19
Crépinette d'agneau au cumin, 216
Crevettes poêlées au curry, 55
Croquettes de morue, 126

Cruchades, 187
Cultivateur de saumon, macération d'herbes potagères, 89
Daube du Béarn, 174
Daurade aux courgettes et aux noix, 101
Daurade bohémienne, 100
Daurade en croûte de sel, 99
Daurade royale, 98
Dinde aux noix, 222
Dos de colin au tapioca, 121
Éclade de moules, 28
Encornets de Galice, 44
Entrecôte à la bordelaise, 165
Fabada, 157
Far de blé noir, 195
Flan à l'orange des Açores, 243
Galette d'oignon, 164
Galettes de blé noir, 196
Galettes de tourteau aux pommes épicées, 47
Galimafrée, 158
Gaspacho landais, 188
Gâteau à l'angélique, 235
Gâteau basque, 230
Gâteau de riz forestier, 191
Gigot d'agneau au vin de bonnezeaux, 218
Goujonettes de sole au sarrasin, 197
Grondin rôti au jambon de Bayonne, 129
Grosses langoustines grillées, 63
Harengs marinés, 131
Haricot de mouton, 160
Homard au porto, 57
Homard aux algues, 59
Homard aux girolles et aux palourdes, 58
Huîtres à la bordelaise, 23

INDEX DES RECETTES

Irish Stew, 219
Lamproie à la bordelaise, 80
Lamproie rôtie au riz, 79
Langoustines poêlées aux herbes, 61
Langues de morue aux pois chiches, 123
Lapin au cidre, 211
Lapin à la gelée, 212
Maquereau au chou, 132
Marinade de carrelet, 133
Marinade de coquillages, 17
Matelote au muscadet, 74
Merveilles, 244
Morue aux poireaux, 124
Mouclade, 27
Mulet aux bigorneaux, 16
Palourdes à la cataplana, 31
Pâté d'anguille aux herbes, 76
Petite soupe de praires à l'orange, 32
Pétoncles noirs, 35
Pibales de l'Adour, 84
Pie de volaille aux poireaux, 223
Pieds de porc aux feuilles de navet, 176
Pintade aux coings, 221
Poêlée de chou vert, 153
Poires pochées au sauternes, 240
Praires au thym, 33
Prunes épicées au chocolat, 233
Purée de pommes de terre, 167
Ragoût de pommes de terre, 169
Raisin au porto, 237
Rémoulade de civelles, 83

Riz aux coquillages, 192
Rutabaga en melon, 177
Saint-Jacques au sauternes, 145
Saint-Pierre " bio-vert ", 103
Saint-Pierre en cocotte, 104
Salade de carottes, 173
Salade de saumon au blé noir, 88
Sardines aux œufs, 135
Saucisses au riz épicé, 193
Sauté de porc à la bière, 209
Sole au lillet, 108
Sole aux crevettes, 107
Soupe aux huîtres, 24
Soupe de lait à l'oignon, 163
Soupe de langoustines, 62
Soupe de saumon aux orties, 87
Soupe de tourteau à la bière, 48
Soupe Linquisa, 189
Soupière de pétoncles, 36
Tartine d'abricots à la lavande, 232
Tartines de sardine, 137
Tête de porc rôtie et pressée, 207
Thon "Belle jardinière", 142
Thon braisé au porto, 139
Tortilla, 170
Tourteau fromagé, 231
Turbot à la rhubarbe, 113
Turbot poché à l'irlandaise, 112
Turbot rôti, chutney des Açores, 111
Velouté de chou vert, 154
Velouté de chou-fleur aux coques, 155

Index des recettes par régions

Espagne
Crépinette d'agneau au cumin, 216
Daurade bohémienne, 100
Encornets de Galice, 44
Marinade de coquillages, 17
Mulet aux bigorneaux, 16
Petite soupe de praires à l'orange, 32
Tartine d'abricots à la lavande, 233
Tortilla, 170

France

Aquitaine
Agneau en croûte de sel, 215
Alose au vinaigre, 70
Bar aux cèpes, 95
Coquilles Saint-Jacques en chemise, vinaigrette truffée, 147
Cruchades, 187
Daube du Béarn, 174
Daurade aux courgettes et aux noix, 101
Entrecôte à la bordelaise, 165
Galimafrée, 158
Gaspacho Landais, 188
Huîtres à la bordelaise, 23
Lamproie à la bordelaise, 80
Marinade de carrelet, 133
Poires pochées au sauternes, 238
Saint-Jacques au sauternes, 145
Sole au lillet, 108
Velouté de chou-fleur aux coques, 155

Bretagne
Barquettes de Saint-Jacques marinées, 146
Beignets de sardines, 136
Blanquette de pommes de terre, 168
Boulangère de cabillaud, 127
Bouquets roses au calvados, 54
Brochettes d'avoine au lard, 184
Canard fourré aux pommes, 204
Côte de porc fermier, belles de Fontenay et petits oignons nouveaux, 208
Cultivateur de saumon, macération d'herbes potagères, 89
Daurade en croûte de sel, 99
Dos de colin au tapioca, 121
Far de blé noir, 195
Galettes de blé noir, 196
Goujonettes de sole au sarrasin, 197
Grosses langoustines grillées, 63
Homard aux algues, 59
Langoustines poêlées aux herbes, 61
Lapin à la gelée, 212
Lapin au cidre, 211
Maquereau au chou, 132
Pétoncles noirs, 35
Ragoût de pommes de terre, 169
Saint-Pierre " bio-vert ", 103
Salade de saumon au blé noir, 88
Sardines aux œufs, 135
Sole aux crevettes, 107
Soupe aux huîtres, 24
Soupe de lait à l'oignon, 163
Tartines de sardine, 137
Tête de porc rôtie et pressée, 207
Velouté de chou vert, 154

Charentes
Éclade de moules, 28
Gâteau à l'angélique, 235
Mouclade, 27
Pâté d'anguille aux herbes, 76

INDEX DES RECETTES PAR RÉGIONS

LOIRE
Alose à l'oseille, 69
Gigot d'agneau
  au vin de Bonnezeaux, 218
Matelote au muscadet, 74
Rémoulade de civelles, 83

VENDÉE
Bottereaux, 244
Caillebottes vendéennes, 229
Tourteau fromagé, 231

IRLANDE
Apple pie, 239
Bar à la Guiness, 96
Cake de la Saint-Patrick, 240
Cooki Leeki, 183
Dinde aux noix, 222
Fabada, 157
Galette d'oignon, 164
Harengs marinés, 131
Haricot de mouton, 160
Irish Stew, 219
Morue aux poireaux, 124
Pie de volaille aux poireaux, 223
Sauté de porc à la bière, 209
Soupe de saumon aux orties, 87
Soupe de tourteau à la bière, 48
Turbot à la rhubarbe, 113
Turbot poché à l'irlandaise, 112

PAYS BASQUE
Araignée basquaise, 50
Chipirons poêlés, 45
Colin de Santander, 119
Gâteau basque, 230
Pibales de l'Adour, 84

PORTUGAL
Anguille en cocotte au safran, 73
Blancs de seiche farcis, 43
Caneton au porto, 203
Compote de pastèque, 237
Croquettes de morue, 126
Flan à l'orange des Açores, 243
Gâteau de riz forestier, 191
Grondin rôti au jambon de Bayonne, 129
Homard au porto, 57
Homard aux girolles et aux palourdes, 58
Lamproie rôtie au riz, 79
Langues de morue aux pois chiches, 123
Palourdes à la cataplana, 31
Pieds de porc aux feuilles de navet, 176
Pintade aux coings, 221
Raisin au Porto, 237
Riz aux coquillages, 192
Rutabaga en melon, 177
Saint-Pierre en cocotte, 104
Saucisses au riz épicé, 193
Soupe Linquisa, 189
Turbot rôti, chutney des Açores, 111

Remerciements

*Jacques Thorel et Bénédict Beaugé remercient
tous ceux qui, durant toute la réalisation de ce livre,
leur ont communiqué savoir et bonne humeur :
Alain Ducasse qui a ouvert la voie de la collection ; l'amie
Frédérick-Ernestine Hermé-Grasser, pour son humour et sa verve
inoubliables, joyeux responsables d'innombrables fous rires, mais
aussi pour son cadeau tout droit sorti de son jus de cerveau… ;
Agathe Hennig, pour ses dessins géniaux bien sûr mais aussi pour
ses blagues ; Serge et Ginette Ripplenger et le Rock-and-Roll II pour
avoir partagé leur passion de la pêche ; Jean-Philippe Derenne ;
la famille Cochy pour ses produits fermiers ; Béatrice Baconnais
pour avoir livré ses connaissances sur les légumes ; Marie-Claire
Landais pour ses volailles précieuses ; Jean Arcache pour son
professionnalisme ; Philippe Lamboley grâce à qui le livre a vu
le jour ; Florence Lécuyer, pour son savoir-faire, sa douceur et sa
gentillesse ; Peggy Lemaire pour qui ce fut un fugueux baptême du
livre ; Jacqueline, Françoise et Chantal pour leurs gourmands essais
et leur patience quotidienne ; Solange pour ses relectures avisées et
Yvette ainsi que toute l'équipe de cuisine de l'Auberge Bretonne.*

Imprimé en Italie par G. Canale C.S.P.A ; Turin
Dépôt légal : 8445-05-1998
N° éditeur : 44007
ISBN 2012362117
23-27-6211-9/01